70 Bücher sind EIN Buch

Gerd Steinkoenig

magicmirror1959s Profilbild

15Fotos-Collage 220924 (Herbstanfang), mit "Mein Leben im September 2024"-Collage! Ich darf es kreiren, juhuu!! Denn in 3 Tagen hab ich mein 7jähriges Jubiläum: am 25. September 2017 (einen Tag nach der Bundestagswahl!) hatte ich kurz vor 6h (ungewöhnlich, für mich "Mitten in der Nacht", ich nehme an Urinstinkt) meinen Schlaganfall. Ist dabei bei meinen diversen ISBN-Books, zB ca 3 Tage dahingesiecht, Fenster offen: die Rollläden immer gehört, blauer sonniger Himmel, ewig gepisst, irgendwann hatte ich im Kopf Buchstaben durcheinander - Gehirnblutung, meine treues Katzemäädsche wie ein Wachhund (war immer da im Bett, ohne Futterchen...), ich musste trinken (da war ja ca 3 Tage nix!) und robbte zum Waschbecken mit den Knien (vor mir ein Eimer zum Stützen) und und... In der Alzey-Klinik meinte ein Arzt: "Sie sind ein Glückskind"! Wegen meinem Gehirn trotz Inneren Wunden und trotzdem sofort mein Plan und Ziel: Heilung, schreiben mit Fleischklumpen (rechte Hand), laufen in den Gängen, sprechen (obwohl ich gebrabbelt hatte: mein Ergo hat positiv gelacht über meine Queen , die Zimmerkollegin und ich - zu dritt gebrabbelt und daher Fortschritte), seit Alzey (1 Woche vorher ins Vinc in Landau war zu Star Wars-mäßig - durch Star Wars-Film waren zu viele visuelle Fantasien...) hatte ich und habe ich auch heute und in Zukunft meine Entwicklungen und Fortschritte mit positiven Energien! Immer in

Demut und Glaube und reine Gesundheit mein zweites Leben! 220924

15 Std.

Vor 15 Stunden

Kommentieren ...

Gestern

6 FOTOS aus meinen facebook-Fotoalben über meine Kreativität, Dokumentation, Tagebuch etc! Eine Waldstraße Richtung St Wendel (Nov 2023) zu Mutter (Rehaklinik/Schlaganfälle), ein Panorama in der SÜW, ein Puzzle aus "meiner" Schlaganfall-Klinik Alzey (Okt oder Nov 2017, mit meiner damaligen Queen Silke...) Bahnhof Annweiler etc.

Am 9. November 2017 hatte ich meinen 58. Geburtstag. Am Abend war es göttlich (nix mit Birthday, sondern die Abend-Aura, auch schon nachmittags) durch meine Queen (und eine Zimmergenossin). Wir hatten uns verabredet, das wir uns telefonieren. Hatte es später leider verschlampt (ich war ja noch naturstoned). Am 10. November 2017 wurde ich zur Nachreha nach Bad Bergzabern gefahren. Sofort Brief zu meiner Queen Silke K, hatte aber die Abteilung vergessen. War nix... Im Nachhinein weiß ich nicht, ob das überhaupt gut für mich gewesen wäre (damals 2019 oder 2020 wars anders: meine Suche zu ihr... War ja damals Flurfunkmäßig in fb...).

Nach 2017 war ich 2023 nochmal da - wegen Schlaganfälle Mutter. Der Ergo war der Selbe (er hatte sich gewundert, die gleichen Symptome...) und wir unterhielten uns über mein Befinden, was alles war. 2017 waren zig Pfleger:innen, zwar meistens Nachwuchs/Azubi, aber trotzdem, das war im Endeffekt familiär. War zwar "Gefängnis", aber familiär, idyllische Kliniklocation mit Bäumen, Tiere. Ich erinnere mich von den Orientierungsläufen für meine Merkfähigkeit, alleine dann fotografiert mit Alzey-Panorama/Tiere, idyllische Häuser (leider verschollen zu 99,9 % - daher zB Puzzlefoto, später nochmal ein bisschen 2023). Habe immer noch diverse Brain-Shots mit Motivations-"Kegeln" (ÄrzteTermin für alle und die zu mir: oh, er hat vom Hirn das & das, und ich dachte: wohl ewig...). Die Nächte von

Zimmerkollege Herr Schwarz (hatte insgesamt 3 Zimmer, ua der taube Schwarz), aus einem anderen Stockwerk/Abteilung urplötzlich laute Schreie (es gab Schlaganfälle viel schlimmer), im Nachbarzimmer die Pfleger:innen gut gelaunt etc etc. Weiteres (Schach-Ergo - 2023 war er gar nicht da), Psychologin (PC-Logik-Games, der Arzt meinte, kannste gehen - durch meine positive Persönlichkeit, aber die Psychologin, waas so schnell die nächsten Übungen, und ich schaffte es, ok in Bergzabern wars zu viel, andere Liga...), die Psychotherapeutin (zB am Anfang Ball werfen und ich so wääh was ist da, sie dann den Ball zu meiner Fresse und ich war fit und motiviert...), motiviert allerdings war schon immer in Alzey (schreiben, laufen etc, aber der Sinn der Übung, aber dann), noch viel mehr bei meinen ISBN-Büchern (zB "Danach").

Also 2017, 2023 in Alzey. 2023 war tatsächlich wieder Pflegenotstand. Da waren nur 2 Pflegerinnen. Könnte sein, kurz nach dem Mittagessen, das noch mehr gewesen wäre. Aber vom Gefühl her: tatsächlich weniger! Schade! Wenn ich an meine Morgendusche dran denke (das war ja nicht ich von mir selbst, im Endeffekt eine Kleinbadewanne), ist 2023 diese Möglichkeiten immer noch so? War das bei Mutter auch? Heut Abend frag ich sie - denn seit Monaten telefonieren wir uns jeden Tag. OK! Das brauchte ich nicht! In Bergzabern erstmals selbstständig duschen, war schon anfangs schwierig. Am Besten: mein Plan und Ziel NIE MEHR Schlaganfall, Epi, Kliniken... 220924

PS: durch PC jetzt zu kompliziert mit den 6 Fotos - später...

Jetzt hab ich die 6 Fotos von heut Morgen (Sonntag) aus dem Schlaganfall von mir (2017) und Mutter (2023) und weiteres. Hatte "Lebensereignis"-Fehler, kriegs aber nicht hin! Also, alles ist gut, wegen der falschen Info ☺

Hiroshima mit Dreirad (ein Kind spielt vor 79 Jahren! Und dann plötzlich…), Kinderzukunft
(was die Kinder wohl 2050 machen?) 2 zeitlose Ewigfrauen-Ikonen sind 90 (BB, Sophia), der
ursprüngliche Iraner (GrünenChef Omid) ist ein waschechter Frankfurter und seine Eltern
hatten freie Hand zu ihrer ihm (bei meinem Vater nicht…), die Hölle durch Vergewaltigigern
(am Besten im Knast den Schlüssel wegwerfen) - eine Collage aus BamS 220924, BILD
200924.

MEINE ZUKUNFT! Heute Lebensfreude mit blauem Himmel, die gewohnten Häuser, die Annweiler-Aura, mein Leben genießen mit gesunder Reinheit, meine bewusste Aura mit gesunden positiven Leben! Was mach ich in einem Jahr? Pläne und Ziele will ich vollenden! Was mach ich in 2 Jahren? Ich will keinen Stillstand, trotzdem Geduld, in der Ruhe liegt die

Kraft! Sehr schön mit Lebensneugierde mit 80 (ist ja erst in 16 Jahren, in knapp 2 Monaten 15...) durch meine gesunde Reinheit. Denn ich will natürlich nie mehr Schlaganfall, nie mehr Epi, nie mehr zu hoher Blutdruck, nie mehr zu hoher Colesterin, nie mehr Risiko, für meine Gesundheit! Mit 80 will ich in meiner unabhängigen eigenen Wohnung. Wie bei meinem Großvater (bis 90)! Kann sein, das gar nix ist, ich denk nur laut. Mit 80 will ich auf keinen Fall zu einem Pfege/Seniorenheim, denn ich will nicht entrechtet werden - 2016/17 arbeitete ich in einem Seniorenheim... Vielleicht positive Energien, kann ja auch sein: eine neue Partnerin, oder ganz was Neues nach Niedersachsen oder Schleswig-Holstein (hatte ja längere Zeitoasen in St Peter-Ording, Hamburg, Bergen-Belsen... OK, vor "100 Jahren", aber der Nordflair ist das Gleiche, kaum Wald, kaum Berge, andere Menschen. Bei mir immer hin und her: soll ich es machen oder doch nicht?!?! Vielleicht tatsächlich "nur" hier in SÜW durch meine erste, richtige Heimat von Annweiler bis Landau. 210924 Foto: der Autor im "Institut"

Mit Deine Freunde geteilt

MEINE LEBENSALBUM... Bei meinen Top 10 - Lieblingsalben war/ist Genesis immer da6bei - ok, diverse Varianten: A Trick Of The Tail, Wind and Wuthering, and then there were three etc und eben das Meisterwerk The Lamb Lies Down On Broadway (1974, vor 50 Jahren, FÜNFZIG Jahren!!!!!!!!), der kreative Höhepunkt der Band! Egotrip von Peter Gabriel und er ging zu einem anderen Planeten. Aber DIESES Album war der richtige Zeitpunkt für den Kreativerguss von Peter. Bisschen chaotisch wegen 2 Gegensätze Peter vs Tony etc... Komischerweise ist The Lamb nicht DAS Album von Genesis: bei Pink Floyd DAS Album The Dark Side Of The Moon, bei Queen DAS Album A Night At The Opera, bei den Beatles DAS Album Sgt Pepper etc. Bei Genesis: nöö... Worst Case in 50 Jahren: DAS Album Invisible Touch... 210924 Foto: eclipsed Oktober 2024

"VERGESSENE ALBEN"... Ich hatte schon öfter meine besten Top 10 -Alben (öfter bei meinen ISBN-Books...). Bei meinen Top 10-Alben-Lieblingen war/ist Genesis, Pink Floyd, The Beatles, Led Zeppelin..., das Übliche... Ein Superalbum - jedesmal vergesse ich es (bei mehreren "vergessenen" Alben) - ist ZOOLOOK von Jean-Michel Jarre (1984)! Ein Hörerlebnis, Soundneugierde, musique concrete, einfach geil! Die Vinyl-LP dazu im Dezember 2017 "verschollen", hab aber eine sehr schöne Live-Doppel-CD The Concerts in China von Jarre. Das Lustige: in der Kneipe Benderhof KL hatte ich meine Plastiktüte mit 3 LPs vergessen. Am nächsten Tag hatte ich wieder die Plastiktüte mit 3 LPs... Später erst geguckt- mit 3 anderen LPs... War aber sehr ok: 3 bessere LPs, als das was ich eigentlich wollte! Mit dabei war die ZOOLOOK-LP! Ich kannte Jarre nur aus dem 70er-Hit Oxygene IV, dann in das famosen Album eingetaucht, durch diesen Sound aus einem anderen Planeten! 210924

WELT KULTUR ALBEN

...er, die Geschichte schrieben

JEAN-MICHEL JARRE
Zoolook

*** Walter Sebrer

Remaster-Tipp: 1991, 1997, 2004, 2014
(30th Anniversary Edition)
Gut zu wissen!: Teile des Albums („Blah Blah Café" und die zweite Hälfte von „Diva") waren Neubearbeitungen von „Musique pour Supermarché" (1983). +++ Regisseur des Videos zum Titeltrack ist Jean-Pierre Jeunet („Delikatessen", „Alien – Die Wiedergeburt"). +++ „Zoolook" erhielt im Veröffentlichungsjahr den renommierten Grand Prix du Disque.

01. ETHNICOLOR (11:41)
02. DIVA (7:33)
03. ZOOLOOK (3:50)
04. WOOLOOMOOLOO (3:20)
05. ZOOLOOKOLOGIE (4:20)
06. BLAH BLAH CAFÉ (3:21)
07. ETHNICOLOR II (3:52)

PRESSESPIEGEL

„Diese LP ist seltsam simpel und wie eine Verbindung zwischen ‚Scary Monsters (And Super Creeps)' und Kraftwerk auf Speed."
(New Musical Express, 1.12.1984)

„Zoolook' [...] gilt als das Album, das am stärksten von Pierre Schaeffer und der Musique concrète beeinflusst wurde. Es enthält Beispiele alltäglicher Aktivitäten und der menschlichen Stimme [...]."
(The Guardian, 5.10.2016)

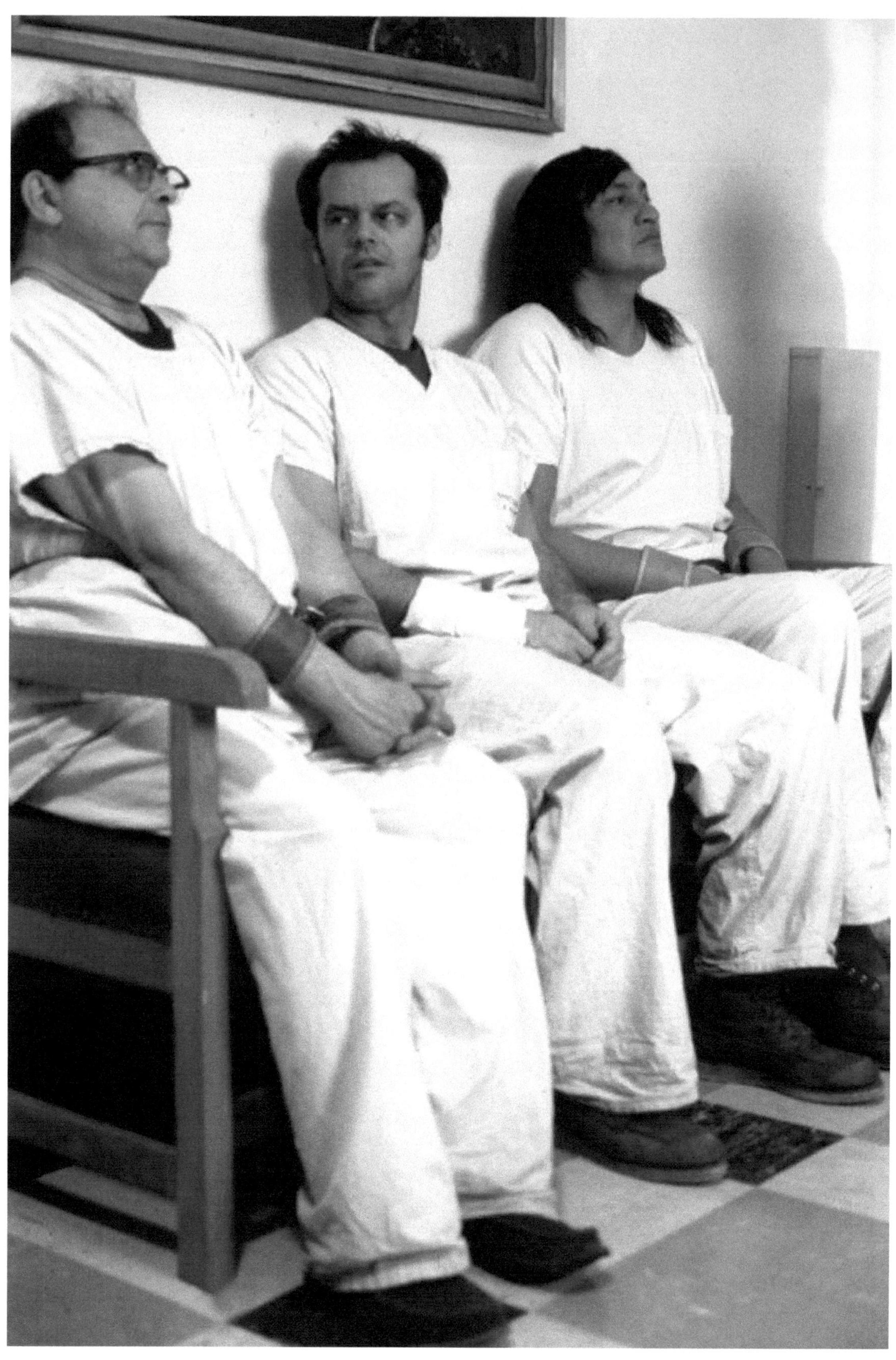

FOTO aus"Motion Picture" (fb): Einer flog über das Kuckucksnest (1975)

Einer DER Filme des Autors!! "Kuckucksnest kenn ich ja: Demenzstation Seniorenheim, "Institut"...

Altes Kino Gloria, Landau in der Pfalz 200924

15Fotos-Collage 190924 Gerd's Life

Werbung über meine 69 ISBN-Books (demnächst womöglich zu meinem 70. Buch: eine Art Best of, Time-Shots, über November 2017 bis ca 50 Musikbücher bis The Silence Of The Lambs etc... 190924 PS: Wenn doch nicht - wegen meinem liebevollen, treuen PCchen...

Musikbooks by Photo Mania-App 190924

Mit Deine Freunde geteilt

Es war einmal mit 2 bis 3 TV-Programmen (ARD, ZDF, 3. Programm). Am nächsten Tag beim Schulhof oder auf der Arbeit konnte man sich unterhalten über bestimmten Sendungen: zB Samstagabend-Shows, Musiksendungen (richtige Musik mit Musikladen bis Rockpalast...), Kojak, Die Straßen von San Francisco, Dallas, Miami Vice und und - mit 2 oder 3 Programmen! Denn es waren im Prinzip oft Straßenfeger mit 70 oder 80 % Marktanteil... Heute hab ich über 100 TV-Programme - plus viele Streaming-Dienste von Netflix, Disney +, prime video, wow und und und... Im Endeffekt bin ich selbst in einem "Club": ich bin bei magenta TV, hatte ich nur durch entertain, ganz normal, dann magenta als Nachfolger (gleicher Monatsbeitrag). Durch magenta hab ich tatsächlich Vorteile zB dabeiTV, 3. Liga-Konferenz etc. Und der Anschluss mit diversen Kanälen mit Netflix, DAZN, Sky, prime video, wow... Will ich aber nicht - Kohle!! Aber ich könnte es. Außerdem: mittlerweile hat man ja 5 Klassen-Gesellschaft: analog (also ZDF, Pro 7, ONE etc) sind zu viele alte Serien - denn der heiße Stuff ist beim Streaming. Heute ist alles exklusive- das durch eine Sendung "alle dabei sind": Fehlanzeige! Es sei denn solche Sachen, zB vor Kurzem "Boxkampf Raab vs Halmich"

oder Fußball-WM/EM... Auch noch was: Leichenfledderei mit der Kohle - mit Star Trek oder
Fußball braucht man zig Streaming-Dienste... Ich freue mich in aller Ruhe mit Old School-
analog mit Das aktuelle Sportstudio, Quiz Champion, Murdoch Mystery oder American Dad,
und lach über Netflix und Co! 190924 PS: meine 2 Betreuer:innen (beide Bj 1989) haben
keinen TV-Gerät - sie kennen es nicht anders...

Mit Deine Freunde geteilt

THE BEST 10 MUSIC BOOKS!! Hatte gestern Abend ca 50 Musikbücher von mir fotografiert, plus schöner Aufsatz dazu! Heute nochmal THE BEST! Da ist absolute Musikgeschichte mit

diversen Genres und Zeiten! Die Musikbücher werden aussterben oder sind schon... Schade!
190924

ZEIT mit MUSIK mit diversen Zeitgeister, Kunst mit den LP-Covers, seelenlose CD-Covers, 1 Song bei der The Dark Side Of The Moon von Pink Floyd wurde mittlerweile "geklaut" (ist aber alles komplett, siehe "Time", "Breathe Reprise" ist weg), geniale Genesis-LP-Covers aus den 70ern - bei den CDs später wurde die Running Order auf der Rückseite auf das Kunstcover drauf geklatscht, Musik ist Wegwerfware - hä? Was ist eine LP, es gibt junge und alte Menschen mit CDs und auch LPs (Sammlerwerte wie 50 Jahre das & das, 40 Jahre das & das etc, Normalsammler, im Endeffekt wie immer, aber zu viel Streaming, kaum Auswahl bei zB MediaMarkt, wenige Specialplattenladen, meistens Bestellungen über Internet, hab ich bisher 3 x bestellt - denn DA wars, vor Ort nicht), meine Internetbestellungen waren 5 CD-

Livebox mit Genesis (BBC Broadcasts) / Live in Paris 1973 (Can) / The Dark Side Of The Moon Live 1974 (Pink Floyd) / alle 3 neu veröffentlicht, ZEIT mit MUSIK: Rockmusik erfindet sich immer neu, es gibt neue Generationen, trotzdem neue Inspirationen auch zB ohne die 60er zu kennen - und von sich selbst aus doch ein 60er Sound kreiren, diverse Sounds schmelzen sich, aber das Gleiche wie immer über den MainstreamChartpop: damals Abba, heute Taylor Swift... 170924

ZEIT! Hatte schon 2012 mit der Lyric ZEIT im Wochenblatt KL geschrieben (Preisausschreiben-Endauswahl, Seite 2). In meinen ISBN-Books mein roter Faden: Zeit! Die 2012er "Zeit" ist da natürlich auch dabei. In meinem Leben habe ich zum Thema Zeit philosophisch diverse Ansichten. Auch hier ein roter Faden, aber durch das Leben, Launen, Lebensfreude, Blues, mein Alter mit 18/24/30/40/57/64, sind diverse Zeiten - ist relativ! Die Jungen haben keine Ahnung von den 1970ern/1980ern (und kennen vom uniformierten Mainstream nur Abba, Boney M oder Michael Jackson - wenn überhaupt). Ich meine über das Lebensgefühl der 70er/80er aus dem Zeitgeist, Techniken, Gesellschaft, die damalige Politik - kennt kein junger Mensch aus der Lebensaura von 1976 oder 1983. Heute 2024 sind die Jungen ganz anders drauf - durch neue Techniken, neue Politik, neue Gesellschaft, und freuen sich wie cool 2024 ist (und wissen nicht, wie cool 1980 war). Damals war Wissen ein Gut, heute reicht es ja mit der Wikipedia oder Intenet (es sei denn richtig lernen für einen langfristigen Job). Durch Fake, KI, Propaganda ist es quasi egal, was am 9.11.1989 war, oder der 11.9.2001. Damals war viel mehr Respekt, heute werden Rotkreuz-Autos oder Feuerwehr-Autos behindert. Jetzt lebe ich aus den 60ern, 70ern, 80ern mit Rudi Dutschke, Willy Brandt, Genesis, Pink Floyd, Miami Vice - irgendwannn: Schall und Rauch... Vorbei, vergessen! In 100 Jahren ist 2024 dann eben auch vorbei, vergessen... Aus dem 20. Jahrhundert hat man 2099 sich zusammengestellt von den Expert:innen über John F Kennedy, Adolf Hitler, James Dean, MM, Elvis, The Beatles... Oder doch viel mehr über das Youtube20Jhd-App... Oder durch die Politikpropaganda ist 2099 nix mit dem 20. Jahrhundert... 170924 (Foto:ZeitCollage Gerd Steinkoenig)

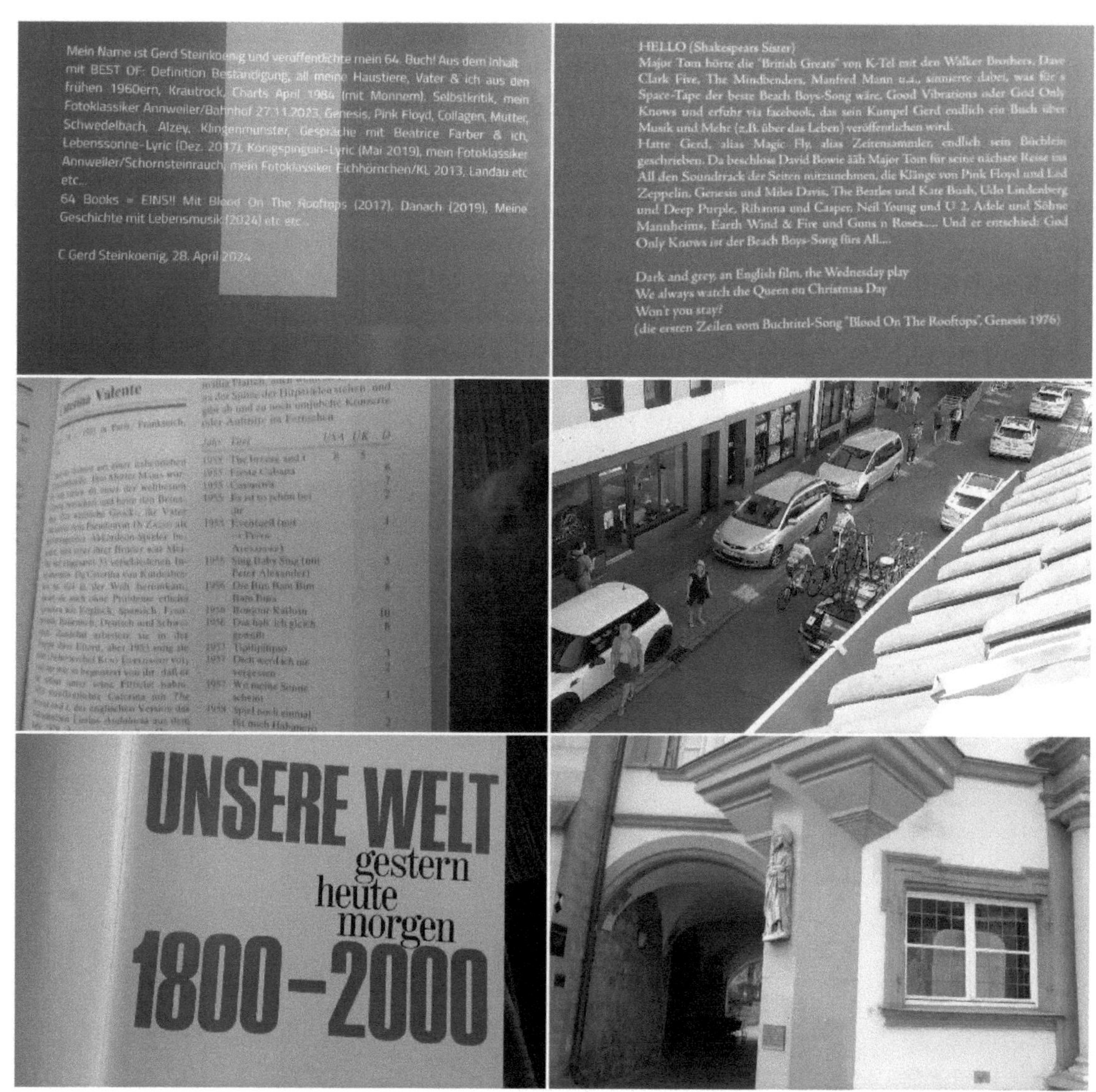

Mein 1000. Beitrag bei Instagram im Account magicmirror1959art! Und natürlich was Gutes zum Jubiläum: GENESIS!! Meine Lieblingsband seit 1976! OK OK: mein Lieblingsalbum ist The Dark Side Of The Moon von Pink Floyd, Ca 1980 bis 1983 war meine Lieblingsband The Police (zB die LP Ghost In The Machine!). In dieser Zeit war Genesis nicht en vogue- die Umstellung von Progrock zu Mainstreamrock/Chartpop... Aber Genesis ist meine Leib- und Magen-Gruppe! Ich hatte in meinen 69 Büchern diverse Aufsätze über Genesis (zB Mad Man Moon aus meinem ersten Buch), diesmal diese "Version". Genesis sind meine Begleiter: wir waren jung, jetzt sind wir alt. Man weiß Bescheid über Tony Banks (für mich die Seele der

Band), Mike Rutherford, Steve Hackett, Peter Gabriel, Phil Collins, Ray Wilson etc - nur der Kern von den Genesis-Members. Die Klassiker-Formation sind Peter (voc), Tony (Tasten), Mike (b), Steve (guit), Phil (drum). 1975 stieg Peter aus, Phil wurde der neue Sänger. Sie musizieren zu Viert, immer noch Progrock. Die Alben A Trick Of The Tail und Wind and Wuthering (beide 1976) waren die einzigen Studio-LPs zu Viert. Mit Peter waren die Progrock-Klassiker wie Foxtrot (mit dem Epos Supper's Ready), Selling England By The Pound (mit den Epos The Cinema Show und Firth Of Fifth), das Doppelalbum The Lamb Lies Down On Broadway (der kreative Höhepunkt von Genesis, geschaffen 1974). 1977 nach dem Live-Doppelalbum Secounds Out (der Heilige Gral der richtigen Genesis-Fans) stieg Steve auch raus - künstlerische Differenzen. Steve Hackett ist der Musikverwalter (bis 1976) mit Genesis in seinen Solowerken. Natürlich hatte Steve fulminante eigene Solo-Alben wie Spectral Mornings. 1978 kam das Album and then there were three - dann waren sie nur noch drei: Phil, Tony, Mike. Es war der Schnitt: nur Mainstream , wääh Follow You Follow Me. Alte Fans gingen weg, neue Fans kamen hinzu. Für mich ist die three ein Progrock-Werk und mein gefühlvolles, melancholisches 70er Album an sich! Erwähnenswert die Langzeit-Konzert-Genesis-Musiker Daryl Stuermer, Chester Thompson. Ab 1980 war Mainstreamrock und Top10 Charthits von Mama bis Domino. 160924

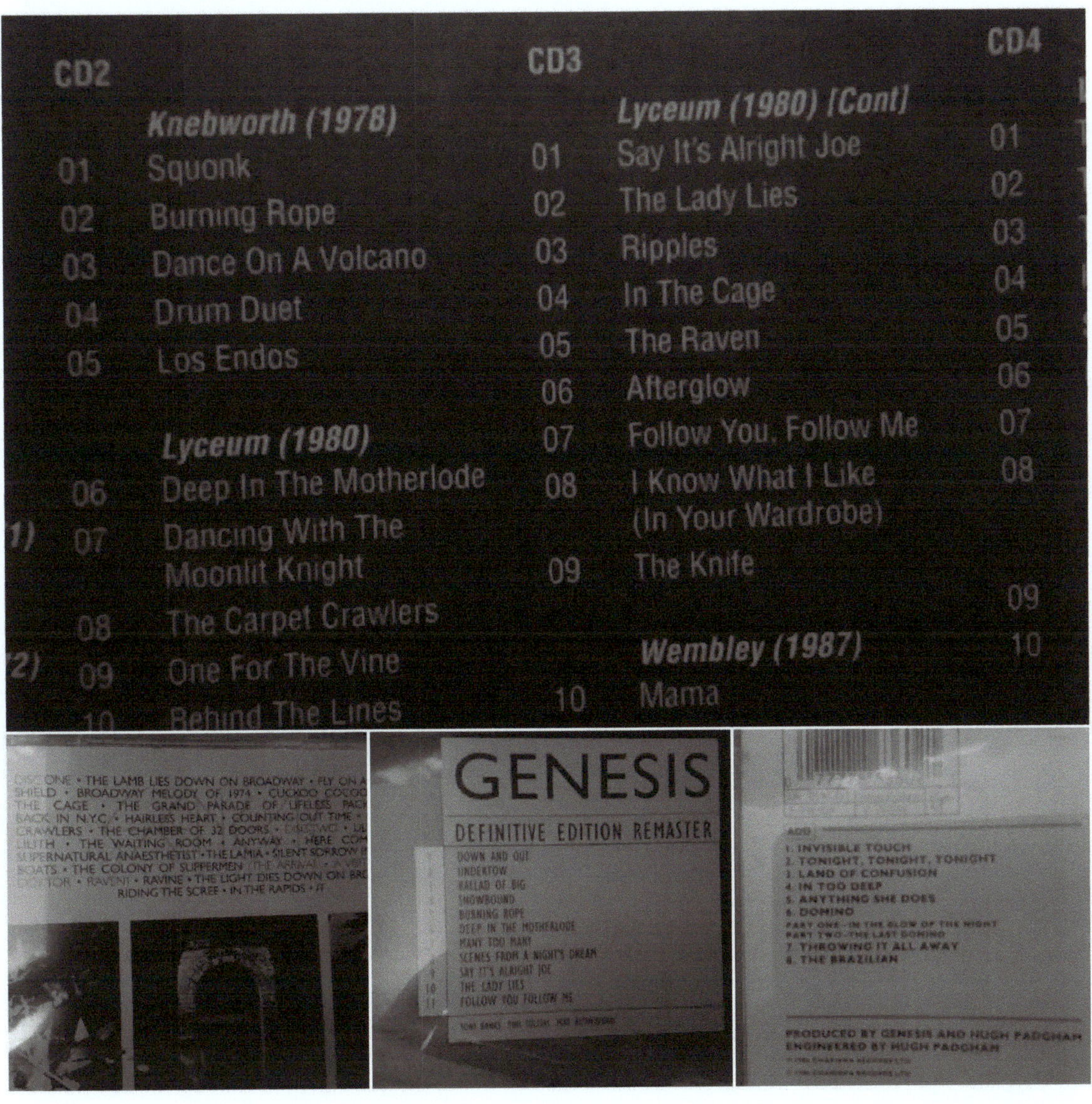

Menschen können gut, kreativ, kulturell, harmonisch, tolerant, weltoffen, idealistisch, naturell sein mit Liebe, Frieden mit Menschen und Tieren! Menschen können schlecht, böse, intolerant, intrigant, nationalitisch, egoistisch, kulturfeindlich sein mit Hxxx mit Krieg, Mord, Tier- und Naturfeind! Menschen können Beides sein: gut und schlecht, Frieden und Hxxx, und/oder, Differenzierung und Differenzen, Diskussionen und/oder Meinungsdiktatur, Wege mit Kurven oder Geradeaus, Gartenzwergkleinbürger und/oder Rebell, Menschen ist/mit Gott oder nicht. Menschen passen sich an in jeder Zeit mit verschiedenen Kriegen, Erfindungen, Zeitgeister, Techniken, Moden, Berufe. Menschen sind mainstreamig über das Leben, damit das Leben nicht überfordert wird - eher mit weniger IQ. Menschen sind Lemminge über die Propaganda in diversen Formen, Verschwörungen in der Human Nature. Denn der Menscheninstinkt ist wie ein Tier, das Gleiche aus dem Jahr 79, 1618, 1789, 1989, 2001... PS: kennt jede(r) die Geschichte zu den Jahren? 160924

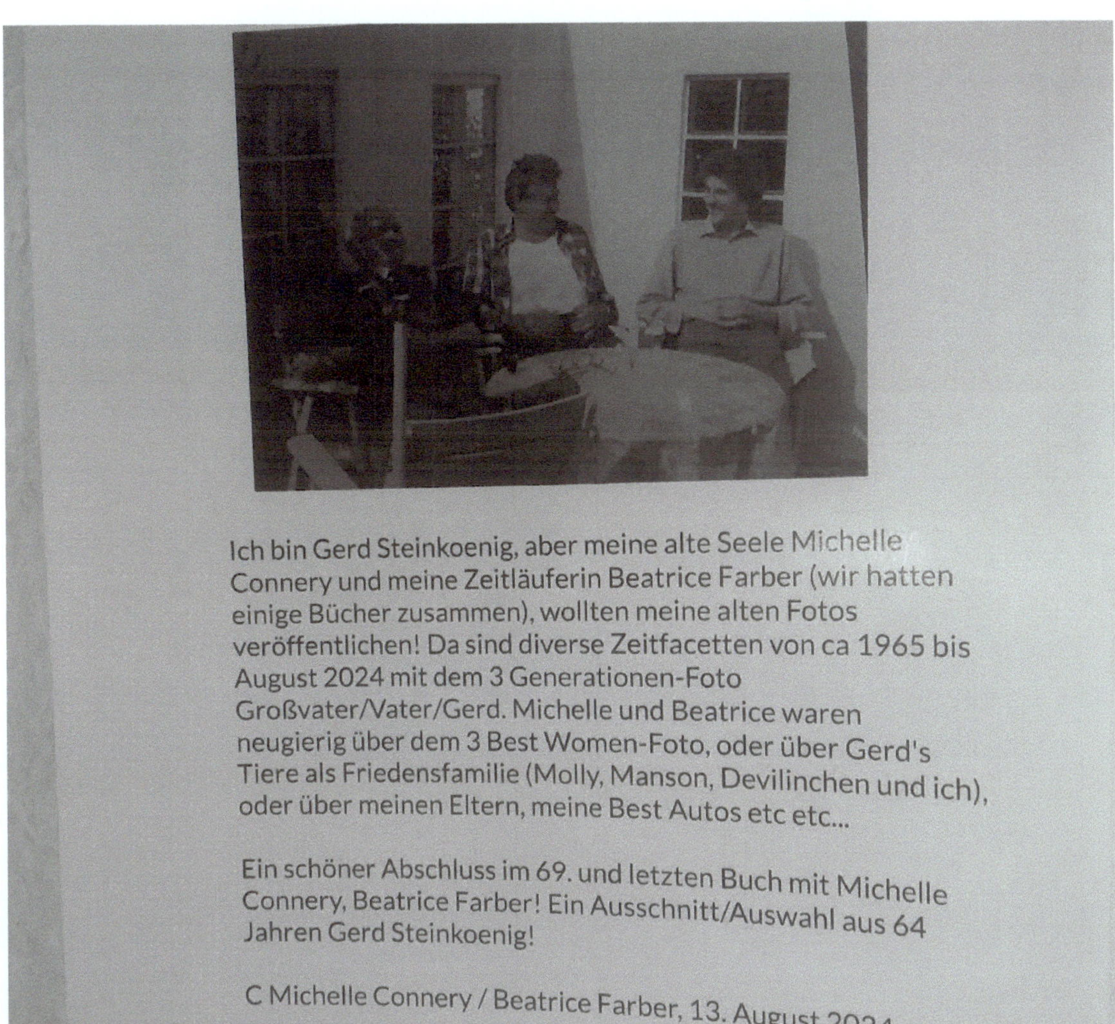

Ich bin Gerd Steinkoenig, aber meine alte Seele Michelle
Connery und meine Zeitläuferin Beatrice Farber (wir hatten
einige Bücher zusammen), wollten meine alten Fotos
veröffentlichen! Da sind diverse Zeitfacetten von ca 1965 bis
August 2024 mit dem 3 Generationen-Foto
Großvater/Vater/Gerd. Michelle und Beatrice waren
neugierig über dem 3 Best Women-Foto, oder über Gerd's
Tiere als Friedensfamilie (Molly, Manson, Devilinchen und ich),
oder über meinen Eltern, meine Best Autos etc etc...

Ein schöner Abschluss im 69. und letzten Buch mit Michelle
Connery, Beatrice Farber! Ein Ausschnitt/Auswahl aus 64
Jahren Gerd Steinkoenig!

C Michelle Connery / Beatrice Farber, 13. August 2024

3. Teil mit TV-Collage 190924! Nochmal, weil abends... Damit sozusagen komplett, lach..

Bad Bergzabern August 2020. Ihr wisst ja mittlerweile: damals November 2017... Im Laufe der Zeit hab ich diverse Mantras, zB Kampf Mut Wille Disziplin, Reinheit Gelassenheit Gesundheit, mein starker klarer freier reiner Geist, meine erwachsene Vernunft, ich durfte es erleben, ich darf es erleben, Körpervertrauen Seelevertrauen Geistvertrauen Selbstvertrauen, desweiteren desweiteren... 150924

.

Mit Deine Freunde geteilt

Bad Bergzabern, fotografiert August 2020. Rechts, wo das blaue Schild ist, ging ich zu einem 1 Euro-Laden. Es war November 2017, und ich war zum ersten Mal alleine an die Luft zum Laufen. Nach dem "Gefängnis" Klinik Alzey... Siehe gestrige Lyric dazu... Es war kühl, es regnete ein bisschen und ich lief mit T-Shirt Freude strahlend mit Freiheit. Kaufte noch 2 Billig-Shirts - ganz alleine... Von meinen Wochend-Ausflügen hatte ich ganz Bad Bergzabern erkundet, immer 60 bis 90 Minuten. Hatte meine Bäckerei, Tankstelle (zB Der Spiegel), viele Sehenswürdigkeiten. Ich sollte mehr machen für meinen Körper, Geist, Seele. Natürlich ist das immer mein Lebensinhalt, ich hab immer meine positiven Eigenschaften, aber ich brauch mehr einen Tritt in den Arsch! Dezember 2017, 2018, 2019 war mehr Power, öfter gelaufen in Annweiler und Co, zB zur Kletterhütte (zum "Touristenweg", steil lang rauf - erst später im Rückweg erkannte ich die einheimische Abkürzung...). Mittlerweile bin ich zu faul... Das ist scheiße, ich will noch mehr Fortschritte. 2018 bis 2020/21 war mehr Gesundheitsentwicklungen für meine Heilung. Im Endeffekt bin ich gesund (was mein

Betreuer erwähnte), aber ich trete an der gleichen Stelle. Siehe gestrige Lyric mit "Institut"...
Ich hab selbstverständlich seit meinem Schlaganfall September 2017 meine Individualität,
Freiheit, Reinheit, Gelassenheit, Gesundheit,, Souveränität etc. Ich hab meine positiven
Energien. Aber ich brauch mehr Power - siehe ääh gestrige Lyric mit Jobs, Vielfalt, Freiheit...
150924

Foto: Bad Bergzabern August 2020. Erstmals hatte ich diesen Weg - links der Weg raus zur
Straße (Foto)- als ich im November 2017 am Wochenende aus der Edith Stein - Klinik in das

Städtchen ging. Und links war mein Zeichen, dann an der Straße rechts, dann links, rauf an die Anhöhe zur Klinik, so ungefähr. Im November 2017 hatte ich Schlaganfall-Reha (nach 6 1/2 Wochen Klinik Alzey) und war "naturstoned". Ich lief 1 bis 2 Stunden und fotografierte (leider verschollen) und hatte Freiheit. Ich durfte alleine laufen, entscheiden, orientieren, fotografieren... Denn in Alzey war Gefängnis, im Nachhinein war das Quatsch, aber im Momentum damals war ich im Knast. Ich erinnere mich dazu: ich saß für eine Ruhe ohne Stress im Kapeuschen und ich sah aus dem Fenster (zT vergittert) und beobachtete einen Zug Vögel und ich dachte : ach, wenn ich doch auch ein Vogel in diesem Zug wäre!! Dadurch war der Wochendspaziergang eine Befreiung. Hatte bei meinen ISBN-Books oft geschrieben über den Schlaganfall und mit dabei war meine Lyric LEBENSSONNE (im Dezember 2017 naturstoned...), aber ich hatte in Alzey, Bad Bergzabern oft geschrieben (am Anfang mit einem Fleischklumpen). Schon damals hatte ich eine Inspiration und schrieb, wie mit dieser Lyric LEBENSSONNE: am Schluss war mein 3.Zimmer mit großem Panorama-Fensterblick und dementsprechend... 140924

15 Fotos-Collage mit Annweiler, Landau, Bad Bergzabern

SUCHE NACH NEUES LEBEN! FotoCollage von meiner schönen Südpfalz in Annweiler,
Landau, Bad Bergzabern! Meine neue richtige positive Heimat! Aber ich denke über meine
Zukunft - schließlich bin ich 64 und will individuell glücklich leben! Natürlich wäre es naiv,
mein Leben ist ein Wunschkonzert und ich will das und das. Aber was ist mit meinem
"Institut"? Mit freier Entfaltung - aber die anderen machen egoistisch freie Entfaltung?
Gestern waren die ersten Vier vorbei gegangen, ich selbstverständlich jedesmal "Hallo" - die
Antworten: nix... Kann sein, weil ich am Anfang (vor ca 2 Jahren!!) zu laut und "ich bin der
Größte" war. Ich integrierte, trotzdem die Meisten scheißen auf mich. Ich geh aus diversen
Gründen hin (gestern diesbezüglich schönes Gespräch mit meiner Mentorin), aber gestern
war ich gut gelaunt rein und dann wieder Ignoranz... Natürlich sind tolle Menschen da für
meine Synapsen, aber ich brauch endlich real visuell Face zu Face für mein hohes Niveau mit
meinem IQ zu Gesprächen, Diskussionen, egal über Politik, Musik, Geschichte, Gesellschaft,
Fußball etc. Ich hab meine Hobbies und bin flexibel (momentan mit meiner
TabletNeverendingStory, lach) über mein Schreiben für meine Seele, rausschreien, für
meine Bücher (na ja, wird auch seltener, ist ja Geld). Und für meine Fotografie. Ich brauch
endlich einen kleinen Job (Ehrenamt oder doch ein bisschen Kohle) für meine Vielfältigkeit,
Tagesflexiblität. Alte Menschen und Tiere: von Rasen mähen bis Katzen streicheln im
Tierheim oder Tagesstättenmitarbeiter. Über meine Zukunftspläne bin ich vorausschauend
über Mutter, meine endgültige Rente mit 66 1/2 etc - daher denke ich dazu gerade. "Ewig"
in meinem Paradies Annweiler/Landau oder doch ganz woanders: zB Nordsee oder Wien,
oder wieder in der Südplalz, aber raus aus dem uniformierten Trott. Natürlich hab ich immer
meine positiven Energien, wie Vicky Leandros mal sang: Ich liebe das Leben! 140924

Annweiler am Trifels Teil 1 & 2

Bad Bergzabern 14. August 2020 (aus heiterem Himmel hab ich aufeinander die Bergzabern-

Bad Bergzabern 14. August Teil 6! Im November 2017 hatte ich in Bad Bergzabern
Schlaganfall-Reha (nach 6 1/2 Wochen Alzey)

Bewährungshelfer
Behinderteneingang
MARTINI
ADLER
APOTHEKE

Deutschland Tour in Annweiler! Ist eine Weile her - aber mit meinem neverending Tablet-Story... (Teil 1 von 2)

Mit Deine Freunde geteilt

Landau in der Pfalz 130924

12
DIE RHEINPFALZ
Verlag und Redaktion
Hör
zentrum

Die Solohits von John Lennon! Die Jungen und Oberflächlichen kennen keinen John Lennon - von The Beatles auch nicht (Sakrileg!!). OK, Imagine kennen sogar zT den Lennon-Song:

"irgendein Friedenslied aus dem Altertum. Ääh Warum redest du über diesen John Lennon??"... In der Bildzeitung heute war ein Nachruf über die Caterina Valente (gestern R.I.P.): Superstar des Schwarz/Weiß-Fernsehen. Ganz Paris träumt von der Liebe wäre wie bei Atemlos. Und Wo meine Sonne scheint war nicht dabei. Die Bildzeitung wird immer schlechter und immer teurer!! In meinen ISBN-Books hatte ich öfter geschrieben: der junge Jahrgang hat oft keine Ahnung über die Beatles, Stones, Led Zeppelin, Genesis, Pink Floyd. Was ist ein Coldplay? Eine neue Zündung beim Auto? Namen sind Schall und Rauch: Taylor Swift ist momentan der absolute Superstar - womöglich sogar einen Einfluss in der baldigen US-Präsidenten-Wahl! Ich bin natürlich Swiftie, denn Taylor will Kamala - nicht dieser selbstherrlicher Trump... Und in 50 Jahren: hä? Wer war Taylor Swift? Aber ich hab positive Energien: es gibt immer noch viele Musikfans, auch über History. Und es gibt immer noch echte Musiker! Andererseits: Pink Floyd wird vergessen, weil kaum Top 10-Singles - und Madonna kann zwar kaum singen, hat aber gefühlte 100 Top 10-Singles. Also ist Madonna in 50 Jahren doch noch da. Hm, yo, dann ist Taylor Swift in 50 Jahren doch noch dabei (vielleicht durch den Kamala-Sieg über Kamala)... 120924

vischen Yoko Ono und
.hn bemerkte seine psy-
sische Abhängigkeit von
rsuchte ihr mit Drogen
gnen, brach zusammen,
itziehungskur (in *Cold*
e Qualen einer solchen
nte sich für eineinhalb
versöhnte sich wieder,
Drogen- und Alkohol-
chloß schließlich, sich
e zurückzuziehen und
Kind (dem am 9. Ok-
nen Sean) zu widmen.
nada eine Rinderfarm
und zwar so gründlich,
hließlich Zweifel heg-
aupt noch am Leben
Zweifel auszuräumen,
nszeichen 1979 in der
eine Zeitungsanzeige
uhig lebte er dahin,
m Sohn, während sei-
n als Managerin und
Vermögen widmete,
20 Millionen Dollar
n vergrößerte. Doch
Lennon nicht mehr
in ihm brach wieder
tlichte die ganz her-

Jahr	Titel			
1969	Give peace a chance (unter dem Namen PLASTIC ONO BAND)	14	2	
1969	Cold turkey	30	14	
1970	Instant karma (We all shine on)	3	5	11
1971	Power to the people	11	7	7
1971	Imagine	3		18
1972	Happy Xmas (War is over)		4	45
1973	Mind games	18	26	37
1974	Whatever gets you thru the night (mit → ELTON JOHN)	1	36	42
1975	# 9 dream	9	23	
1975	Stand by me	20	30	22
1975	Imagine		6	46
1980	(Just like) Starting over	1	1	4
1980	Happy Xmas (War is over)		2	
1980	Imagine		1	7
1981	Woman	2	1	4
1981	Give peace a chance		33	9
1981	Watching the wheels	10	30	46
1984	Nobody told me		5	

Foto: 1950er Jahre - Schlagerhits! Vor meiner Zeit - Bj 1959. Trotzdem: Zeitlose Ohrwürmer wie Wo meine Sonne scheint etc. Nachfolgend meine besten deutschsprachigen Songtexte (Platz 1 wie immer mit Bahnhofskino...):

1 Bahnhofskino (BAP)

2 Der Mussolini (DAF)

3 Eisbär (Grauzone)

4 1990 (Udo Lindenberg1976)

5 Kinder an die Macht (Herbert Grönemeyer)

6 Der Spinner (Nina Hagen Band)

7 Fragezeichen (Nena)

8 Feuerzeug (Ideal)

9 Wildes Wasser (Juliane Werding)

10 Lieb Vaterland magst ruhig sein (Udo Jürgens)

C P Gerd Steinkoenig 110924

.

Mit Deine Freunde geteilt

15 Fotos - Collage my CDs, my books, Caterina (110924)

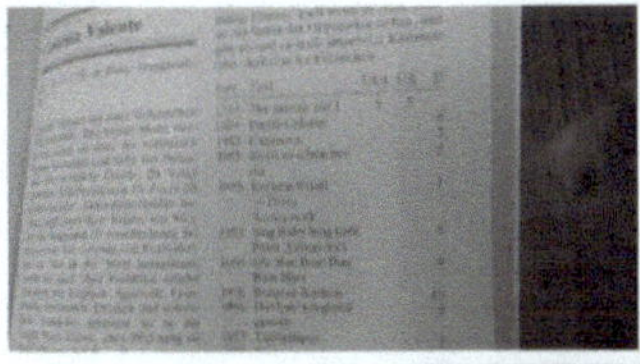

Ich bin Gerd Steinkoenig und veröffentlichte m
Buch! Mein endgültiges Finale als Buchautor! E
Büchlein von 20 Seiten über meine persönliche
Lebensmusik von Genesis, The Police, meine
Konzerte, Neil Young etc. Mit Fotos mit einer k
Auswahl von meinen CDs (Pink Floyd,Coldplay,
Davis etc), von Musik-DVDs, von Musikzeitschr
etc.
Auswahl meiner Bücher: Blood On The Rooftop
Teile), Danach (3 Teile), Die Story von populärer
Musik, Zeit ist los (2 Teile), Später ohne Buch, M
des Menschen, Der Zeitensammler etc! Inklusiv
Pseudonyme von mir mit Beatrice Farber (mein
Zeitläuferin), Michelle Connery (meine Seele),
Lebenssonne Gerd etc.

All You Need Is Love (The Beatles 1967)
C Gerd Steinkoenig 22. März 2024

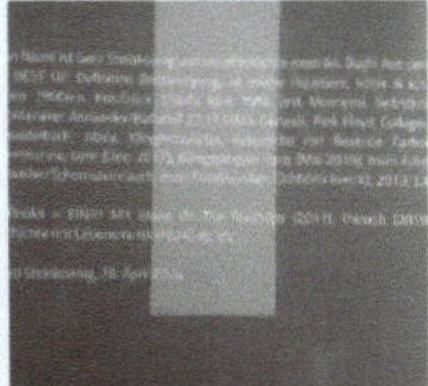

HELLO (Shakespears Sister)
Major Tom hörte die "British Greats" vo
Clark Five, The Mindbenders, Manfred
Space-Tape der beste Beach Boys-Song
Knows und erfuhr via facebook, das sei
Musik und Mehr (z.B. über das Leben) v
Hatte Gerd, alias Magic Fly, alias
geschrieben. Da beschloss David Bowie
All den Soundtrack der Seiten mitzuneh
Zeppelin, Genesis und Miles Davis, The
und Deep Purple, Rihanna und Casper,
Mannheims, Earth Wind & Fire und C
Only Knows ist der Beach Boys-Song fü

Dark and grey, an English film, the Wedn
We always watch the Queen on Christma
Won't you stay?
die ersten Zeilen vom Buchtitel-Song

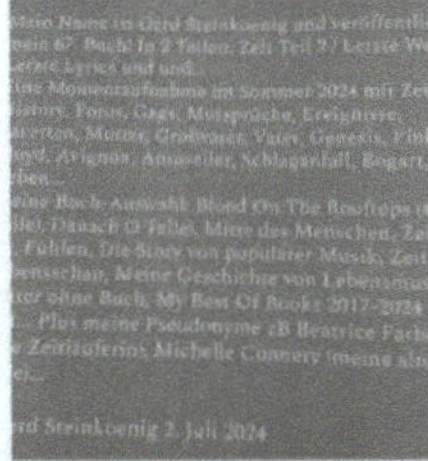 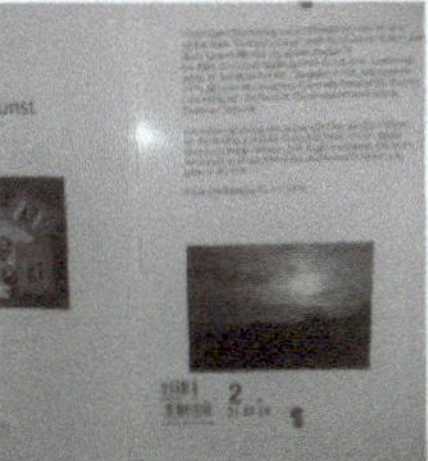  

Musiklegenden... Irgendwann Schall & Rauch...

fb-Post vom 100924! Großvater hatte am 10. September Geburtstag - an jenem Tag kommt Themse-Liese (Königin Elisabeth II).

Neues Foto-App! Geil! 15 Fotos als Collage! Mach nochmal eins! 080924

FLEXIBLEKREATIVITÄT! Fernsehen, Fußball Nations League mit Deutschland, zwischenzeitlich eine kreative Spontanität. Früher einfach das Tablet an und mit sehr guter Technik mit diversen Apps-Verzweigungen kreirt. Momentan seit einer "Ewigkeit" ist da leider nix. Ihr wisst ja schon Bescheid - ist ja erst das "100. Post"... Tablet News Teil 7519... Hab eine

Collage gemacht mit meiner Sammlung (little Auswahl) um darüber zu schreiben. Heute ist der 75. Jahrestag Bundesrat und Bundestag zusammen. Und viele wissen nicht, wer der erste Bundeskanzler war. Vielleicht meinen viele, die Politik 2024 wäre wie in der Politik 1949. Vielleicht waren schon 1970 Handys von den Jungen. Ich weiß noch, als ca 1973 die erste Waschmaschine für meine Eltern da war... Hää? Ist doch nur eine Waschmaschine, meint die Generation Degeneration... In meiner Sammlung ist mein Leben mit Erinnerungen, Gefühle, Gedanken, Musik, Literatur, TV-Serien, Filme etc... Ihr könnt ja dazu lesen bei meinen 69 ISBN-Books 2017 bis 2024, geschrieben aus den 1960ern mit Großvater, die 1970ern mit Sweet, Genesis, Colombo, Kojak, Smile, Old Vienna, die 1980er mit Running Life von Mannheim bis Globetrotter-Tour bis A.P. etc etc etc... Mein letztes und 69. Buch "64 Jahre Gerd Steinkoenig" von M Connery/B Farber (August 2024) ist ein Resumee über meine gesamten Büchern: mit Fotos aus den 1960ern bis 2024 mit meinen 3 Best Women, mein Gesicht aus allen Jahrzehnten, meine Autos, meine Katzemäädsche Molly etc. Ich hör mal auf, denn ich weiß gar nicht, wie lange ich bei Instagram schreiben kann... 070924 CP Gerd Steinkoenig

GMX geht nicht, facebook geht nicht, Messungen geht nicht, Tik Tok geht nicht... Mein Tablet-Running Gag... 070924

Annweiler am Trifels 070924 Teil 1 & 2

Hohenstaufenstr.
ESCHER

Hohenstaufenstr.

Kurz vor Schluss doch ein Fehler... Doppelt...

Quirkle im "Institut" 060924

Life Dimensions Collage 060924

September_Mix 060924

A Location in Landau (Games, Gespräche etc) 060924

HBF Landau 060924: hatte diese Mineralwasser-Flasche vergessen bei einem
Kartenautomat. War zurück in den Laden für den "Kicker". In dem Moment: OMG, ich sollte
sofort zum Automaten zu meinem Mineralwasser! Und es war viel los mit den vielen
Leuten. Natürlich konnte ich mein "Minerale" holen - hatte keinen interessiert... Wenn eine
Bierflasche da gewesen wäre, würden sich gleich 5 Leute kloppen - stupid human nature...

SANTA
EMILIA
NATURALE
NATÜRLICHES MINERALWASSER
OHNE KOHLENSÄURE

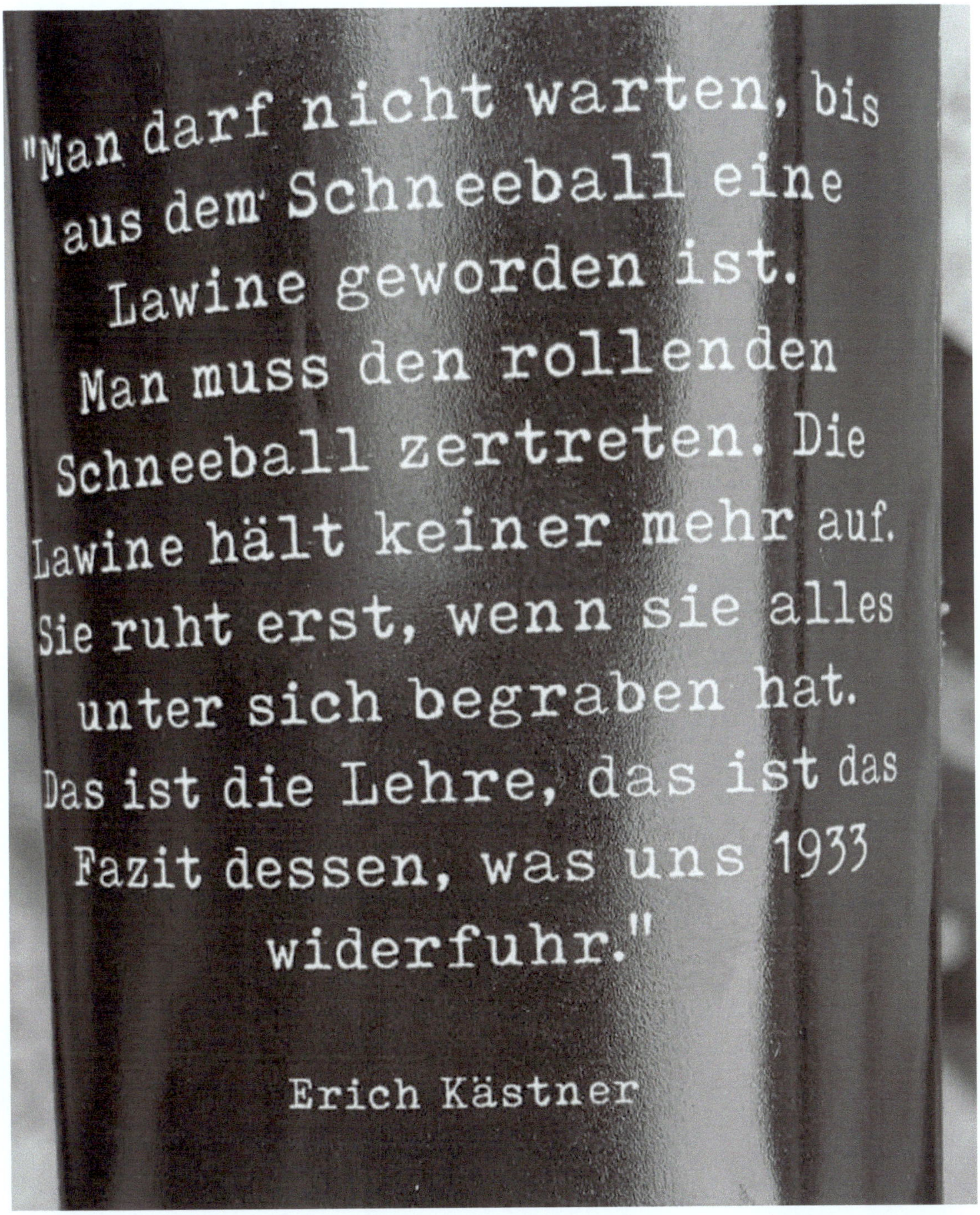

"Man darf nicht warten, bis aus dem Schneeball eine Lawine geworden ist. Man muss den rollenden Schneeball zertreten. Die Lawine hält keiner mehr auf. Sie ruht erst, wenn sie alles unter sich begraben hat. Das ist die Lehre, das ist das Fazit dessen, was uns 1933 widerfuhr."
Erich Kästner

050924

Annweiler am Trifels (Mein Lieblingsbaum 040924)

Annweiler am Trifels 040924

030924

MEINE 13 BESTEN FEEL-SONGS EVER!!

1 Nothing Compares 2 U (Sinead O´Connor)

2 We´re All Alone (Rita Coolidge)

3 Don´t Speak (No Doubt)

4 A Man I´ll Never Be (Boston)

5 Bahnhofskino (BAP)

6 And I Love Her (The Beatles)

7 Blood On The Rooftops (Genesis)

8 Time (Pink Floyd)

9 Don´t Look Back In Anger (Oasis)

10 Diamonds (Rihanna)

11 Comes A Time (Neil Young)

12 Toi Va Changer (Michel Fugain & Le Big Bazaar)

13 Good Old Days (Macklemore & Kesha)

C P Gerd Steinkoenig 030924

Landau in der Pfalz 030924

Annweiler am Trifels 020924

Eine Art Tagebuch vom 2. Septenber 2024 bis 23. September 2024! Foto-Chronologie, mein Schlaganfall 2017 (Alzey, Bad Bergzabern-Lyrics, Worte), meine Musik (Genesis, beste deutschsprachige Songtexte etc), "Institut"-Games, Kunstcollagen und und... Hab garantiert irgendwas vergessen wegen der momentanen PC/Tablet/Apps-Situationen. Wenn doch was vergessen: im Endeffekt irgendwo ist alles mit facebook, Instagram, You Tube... Ich wollte es haben, doch noch ein Buch... Für eine Art Best of über meine letzten 69 Books (Hauptthemen Zeit, Schlaganfall, Musik), wegen den "verschollenen" Bergzabern-Fotos von 2020 (das wollte ich unbedingt in einem ISBN-Buch).

70 BÜCHER IST EIN BUCH!! Und das war noch nie: hintereinander 4 1/2 Stunden zu diesem schönen Buch "gerödelt"... Zur Situation für Euch: wochenlang mit den social networks, am Anfang nix mit Buch (es war ja schon das garantierte letzte Buch, war am 130824), dann in Hinterkopf durch Lyric oder Foto: mh doch Buch, irgendwann ist der Horizont da zu einem endhültigen Buch und wie heute 4 1/2 Stunden gearbeitet (ohne richtiges Word, ohne PDF - iss kaputt, mein liebes PC-Türmchen anno "1782" mit Windows 7...). Wie immer morgen wieder zum Institut wegen dem PDF... Und abends wieder zum besten self publishing Verlag ever, zum Klappentext, Cover, reinbeamen des Buches zum Verlag etc!

C Gerd Steinkoenig 23. September 2024

Life Dimensions 050924

Vergessene Lyrics/Fotos - vielleicht doch wieder ein bisschen vergessen, lach...

2 Fotos über die Pychoanalyse etc! Aus Apotheken Umschau 15. September 2024

sche Wissenschaft" nicht. Vielmehr wird
sie als ideologisches Erklärungsmodell für
die Überlegenheit der arischen Rasse her-
angezogen.

Und heute? Aktuell kommt die Kritik vor
allem vonseiten der akademischen Psycho-
logie, etwa von Jürgen Margraf. „Klassi- →

Psychotherapie in Kürze

Diese vier Therapiemethoden zahlen die Krankenkassen

Psychoanalyse

Diese Therapie basiert auf den Theorien Sigmund Freuds und wurde über die Jahre weiterentwickelt. In der therapeutischen Beziehung spielt das Erkennen und Bewusstmachen von verdrängten Gefühlen, Erinnerungen und Beziehungsmustern, die gegenwärtig Krankheitssymptome verursachen, eine zentrale Rolle. Ziel der Therapie ist es, unbewusste Konflikte aufzudecken, zu deuten und sie langfristig aufzulösen.

Verhaltenstherapie

Diese Therapie geht davon aus, dass unser Denken, Verhalten und unsere emotionalen Reaktionen bewusst oder unbewusst erlernt sind. Was wir gelernt haben, können wir mithilfe psychologischer Techniken auch verändern. Zu Beginn der Behandlung wird gemeinsam mit der Patientin oder dem Patienten erarbeitet, was in der eigenen Lebenssituation dazu beiträgt, dass psychische Beschwerden auftauchen bzw. nicht verschwinden. Auf dieser Basis werden persönliche Therapieziele und ein Behandlungsplan festgelegt. In der Therapie geht es darum, mithilfe von Übungen oder Gesprächen neue Verhaltensweisen, Gedanken oder Gefühle, die hilfreich sein können, zu identifizieren und auszuprobieren.

Systemische Therapie

Diese Therapieform betrachtet den Menschen als Teil eines Sys-

33

Noch heute schwelt der sogenannte
lenstreit zwischen Verhaltenstherap
psychoanalytischen Verfahren. Es ge

---

tems. Alle Personen in einem
System hängen unmittelbar mit-
einander zusammen – beispiels-
weise in einer Familie, einer Part-
nerschaft, in der Schule oder
am Arbeitsplatz. Gestörte Bezie-
hungen oder ungünstige Kommu-
nikationsmuster innerhalb des
Systems können die psychische
Gesundheit einzelner Mitglieder
beeinträchtigen. Es geht nicht
darum, die negativen Einflüsse
ausfindig zu machen, die für die
psychischen Leiden verantwort-
lich sind. Vielmehr suchen Therapeuten und Therapeutinnen mit
den Betroffenen nach dem
Zweck, den die Störung innerhalb
des Systems erfüllt. Dabei kom-
men unterschiedliche Techniken
zum Einsatz, mit denen die Zu-
sammenhänge für die Probleme
in einem System aufgedeckt
werden. Gleichzeitig offenbaren
sich aber auch mögliche Lö-
sungsansätze.

Tiefenpsychologisch fundierte Therapie

Diese Therapieform umfasst
verschiedene Verfahren, die
ebenfalls auf der Psychoanalyse
Sigmund Freuds beruhen, aber
von seinen Schülern, etwa Carl
Gustav Jung oder anderen Psy-
choanalytikern, weiterentwickelt
wurden. Auch bei dieser Therapie
spielt das Unbewusste eine zentrale Rolle. Demnach können
verdrängte Konflikte aus der
Kindheit psychischen Problemen
zugrunde liegen. Im Gespräch
wird die Vergangenheit beleuch-
tet, um mögliche Ursachen von
aktuellen Beschwerden aufzudecken. Im Gegensatz zur klassi-
schen Psychoanalyse geht es
nicht darum, die gesamte Persönlichkeit zu analysieren und zu
verändern. Die Therapie geht
nur so weit in die Vergangenheit
zurück, wie es für die Heilung
notwendig ist.

34

Eclipsed Oktober 2024-Collage mit 2 Sängerinnen von 1964, die Album Top 10 aus der BRD vom September 1984, Cover mit King Crimson aus den 1970ern, David Paich (Toto) mit seinen Top 5-Alben. 230924

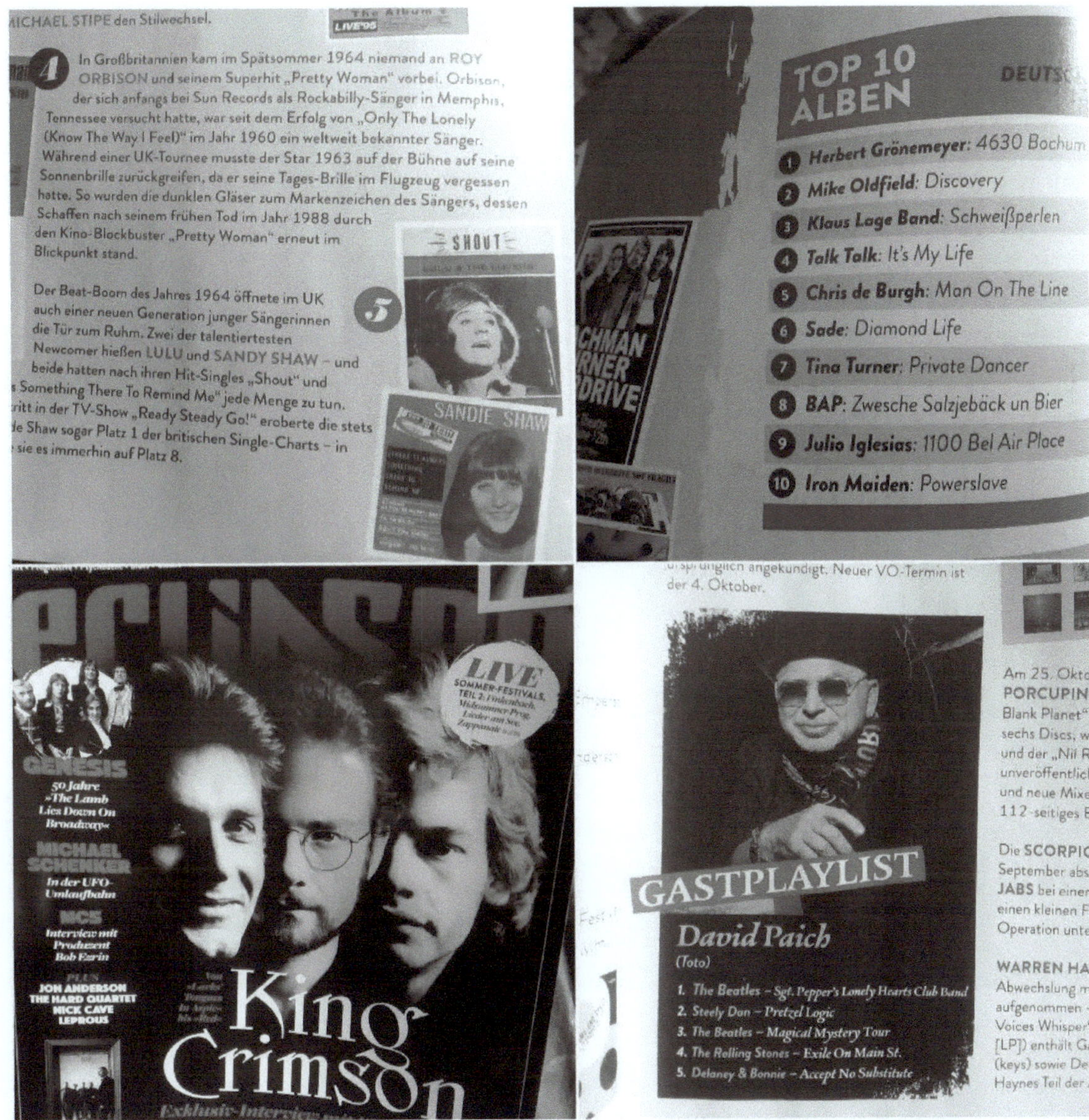

ICH WERDE NIEMALS
BEDAUERN ÄLTER
ZU WERDEN.
ES GIBT ZU VIELE
MENSCHEN,
DIE DIESES
PRIVILEG
NIEMALS
HATTEN.
Happy
roots

DER Mann, warum die Beatles, die Beatles wurden!!

Lumonics Light & Sound Gallery

.

Brian Epstein (Sept 19, 1934 –Aug 27, 1967)

"John…Paul…George. And Ringo. Collectively the four most famous names in the world. Extraordinary young men who have directly altered the lives of hundreds, even thousands of people, who have affected the entire balance of the entertainment industry, who have kicked up so much dust that in all our lifetimes, it will not completely settle."

"So much has been said that is exaggerated, inaccurate, extravagant and open to misinterpretation that I thought that a detailed account could only help and, I hope, prove of considerable public interest."

Landau in der Pfalz 200924 (Teil 1 & 2)

Hier bitteschön,
ich tausche
gegen Leckerlis!

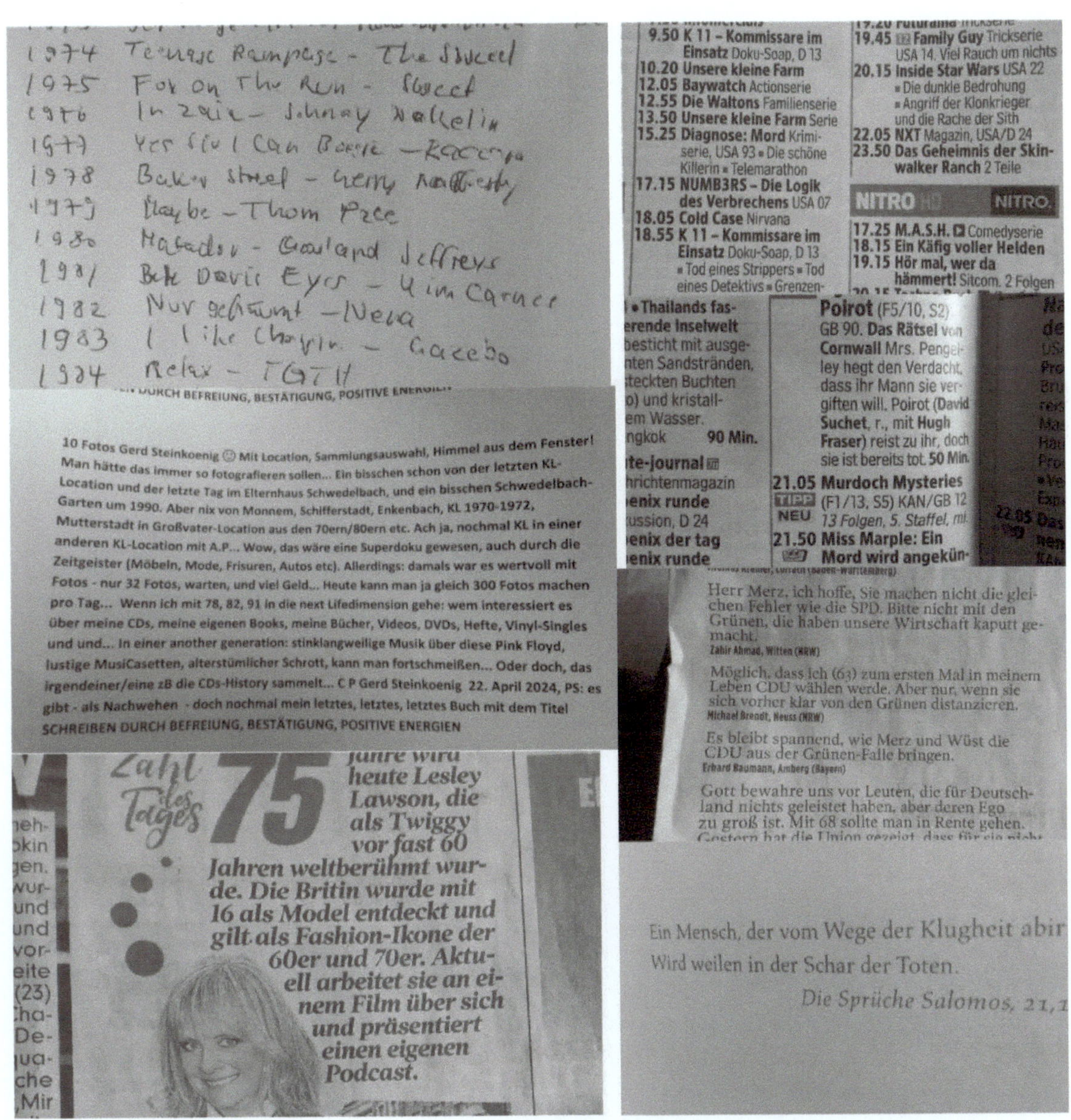

ZEIT-Shots 190924, Collage zu facebook-Einzelfotos mit kleinem Aufsatz.

Mein Lieblingsfilm ever!! Ja ja, da sind natürlich dabei mit Einer flog über das Kuckucksnest, 2001 - Odysee im Weltraum, Shining, Wenn die Gondeln Trauer tragen, Lautlos im Weltall, Casablanca, Der Malteser-Falke, Spiel mir das Lied vom Tod, Marnie, Die Vögel, Catchfire, Gesprengte Ketten und und und!! Aber Das Schweigen der Lämmer!! JAAAAA!! Meine ultimative Nr 1!! 180924

Jodie Foster (The Silence of the Lambs, 1991)

.

Mit Deine Freunde geteilt

Mein Lieblingsfilm ever!! Ja ja, da sind natürlich dabei mit Einer flog über das Kuckucksnest, 2001 - Odysee im Weltraum, Shining, Wenn die Gondeln Trauer tragen, Lautlos im Weltall, Casablanca, Der Malteser-Falke, Spiel mir das Lied vom Tod, Marnie, Die Vögel, Catchfire, Gesprengte Ketten und und und!! Aber Das Schweigen der Lämmer!! JAAAAA!! Meine ultimative Nr 1!! 180924

Hollywood Classics

.

Jodie Foster (The Silence of the Lambs, 1991)

Net Worth & Income: Jodie Foster has an estimated net worth of $100 million. Foster began her career as a child st... Mehr anzeigen

.

Mit Deine Freunde geteilt

Böxx und blöxx Menschen! Moi Katzemäädsche Molly war immer da: zB nach 9 Wochen Schlaganfall-Kliniken war SIE in meiner Wohnung da und ich streichelte meine treue Molly 1 Stunde hintereinander! Später hatte ich einen Wirbelbruch und musste sofort in die Klinik. Mrs P (Pseudo-Psychologin als Betreuerin - Freundin von der RAin, was rechtlich nicht möglich wäre) hatte einfach meine Katze "geklaut"! Durch ihre Weltfremdheit hatte sie willkürlich moi Katzemäädsche zu einem Tierarzt befördert - sie wäre sehr krank wegen den Milben etc. (was ja Quatsch war, ich war öfter in der Menschenapotheke als Katzenmedizin). Rechnung zu hoch beim Tierarzt und ich ging freudig aus der Klinik zu meiner Wohnung und da war keine Molly... 2 tierfeindliche Blondinen wollten zu meiner Katze Erziehung. Willkürlich von allen! Nach ca 2 Wochen war moi Katzemäädsche wieder bei mir. Molly wollte am Anfang nicht mehr zu meinen Kniekehlen um zu schlafen, später gings wieder, denn wir hatten eine treue Symbiose. Mrs P behauptete, da wäre keine OP gewesen, ich weiß es nicht, falls wenn: sie war relativ zu alt und dann das... Anfangs nach dem Schlaganfall war ich angeblich blöd (Mrs P, RAin) mit krassen Vorurteilen über Alkohol, Rauch (wo ja nix war, was DIE meinten) und jobmäßig war ich ja auch blöd (ich hatte zig Jobs, sogar 3 Jahre Beamter). Unfassbar! Gott sei Dank hatte ich meinen positiven Ur-Instinkte, denn ich war ja "naturstoned" und hatte meine positiven Energien von Plänen und

Zielen: zB meine damalige 2018/19-Heilung mit überzeugender Reinheit und Gesundheit.
180924 Foto: aus meinem Wohnzimmerfenster.

ZEIT mit MUSIK mit diversen Zeitgeister, Kunst mit den LP-Covers, seelenlose CD-Covers, 1
Song bei der The Dark Side Of The Moon von Pink Floyd wurde mittlerweile "geklaut" (ist

aber alles komplett, siehe "Time", "Breathe Reprise" ist weg), geniale Genesis-LP-Covers
aus den 70ern - bei den CDs später wurde die Running Order auf der Rückseite auf das
Kunstcover drauf geklatscht, Musik ist Wegwerfware - hä? Was ist eine LP, es gibt junge und
alte Menschen mit CDs und auch LPs (Sammlerwerte wie 50 Jahre das & das, 40 Jahre das &
das etc, Normalsammler, im Endeffekt wie immer, aber zu viel Streaming, kaum Auswahl bei
zB MediaMarkt, wenige Specialplattenladen, meistens Bestellungen über Internet, hab ich
bisher 3 x bestellt - denn DA wars, vor Ort nicht), meine Internetbestellungen waren 5 CD-
Livebox mit Genesis (BBC Broadcasts) / Live in Paris 1973 (Can) / The Dark Side Of The Moon
Live 1974 (Pink Floyd) / alle 3 neu veröffentlicht, ZEIT mit MUSIK: Rockmusik erfindet sich
immer neu, es gibt neue Generationen, trotzdem neue Inspirationen auch zB ohne die 60er
zu kennen - und von sich selbst aus doch ein 60er Sound kreiren, diverse Sounds schmelzen
sich, aber das Gleiche wie immer über den MainstreamChartpop: damals Abba, heute Taylor
Swift... 170924

ZEIT! Hatte schon 2012 mit der Lyric ZEIT im Wochenblatt KL geschrieben
(Preisausschreiben-Endauswahl, Seite 2). In meinen ISBN-Books mein roter Faden: Zeit! Die
2012er "Zeit" ist da natürlich auch dabei. In meinem Leben habe ich zum Thema Zeit
philosophisch diverse Ansichten. Auch hier ein roter Faden, aber durch das Leben, Launen,
Lebensfreude, Blues, mein Alter mit 18/24/30/40/57/64, sind diverse Zeiten - ist relativ! Die
Jungen haben keine Ahnung von den 1970ern/1980ern (und kennen vom uniformierten
Mainstream nur Abba, Boney M oder Michael Jackson - wenn überhaupt). Ich meine über
das Lebensgefühl der 70er/80er aus dem Zeitgeist, Techniken, Gesellschaft, die damalige
Politik - kennt kein junger Mensch aus der Lebensaura von 1976 oder 1983. Heute 2024 sind
die Jungen ganz anders drauf - durch neue Techniken, neue Politik, neue Gesellschaft, und
freuen sich wie cool 2024 ist (und wissen nicht, wie cool 1980 war). Damals war Wissen ein
Gut, heute reicht es ja mit der Wikipedia oder Intenet (es sei denn richtig lernen für einen
langfristigen Job). Durch Fake, KI, Propaganda ist es quasi egal, was am 9.11.1989 war, oder
der 11.9.2001. Damals war viel mehr Respekt, heute werden Rotkreuz-Autos oder
Feuerwehr-Autos behindert. Jetzt lebe ich aus den 60ern, 70ern, 80ern mit Rudi Dutschke,
Willy Brandt, Genesis, Pink Floyd, Miami Vice - irgendwannn: Schall und Rauch... Vorbei,
vergessen! In 100 Jahren ist 2024 dann eben auch vorbei, vergessen... Aus dem 20.
Jahrhundert hat man 2099 sich zusammengestellt von den Expert:innen über John F
Kennedy, Adolf Hitler, James Dean, MM, Elvis, The Beatles... Oder doch viel mehr über das
Youtube20Jhd-App... Oder durch die Politikpropaganda ist 2099 nix mit dem 20.
Jahrhundert... 170924 (Foto:ZeitCollage Gerd Steinkoenig)

Moi Katzemäädsche Molly 17. September 2014, R.I.P. 3/4. Februar 2021

Menschen können gut, kreativ, kulturell, harmonisch, tolerant, weltoffen, idealistisch, naturell sein mit Liebe, Frieden mit Menschen und Tieren! Menschen können schlecht, böse, intolerant, intrigant, nationalitisch, egoistisch, kulturfeindlich sein mit Hxxx mit Krieg, Mord, Tier- und Naturfeind! Menschen können Beides sein: gut und schlecht, Frieden und Hxxx, und/oder, Differenzierung und Differenzen, Diskussionen und/oder Meinungsdiktatur, Wege mit Kurven oder Geradeaus, Gartenzwergkleinbürger und/oder Rebell, Menschen ist/mit Gott oder nicht. Menschen passen sich an in jeder Zeit mit verschiedenen Kriegen, Erfindungen, Zeitgeister, Techniken, Moden, Berufe. Menschen sind mainstreamig über das Leben, damit das Leben nicht überfordert wird - eher mit weniger IQ. Menschen sind Lemminge über die Propaganda in diversen Formen, Verschwörungen in der Human Nature. Denn der Menscheninstinkt ist wie ein Tier, das Gleiche aus dem Jahr 79, 1618, 1789, 1989, 2001... PS: kennt jede(r) die Geschichte zu den Jahren? 160924

Erinnerungen! Im Momentum Bad Bergzabern November 2017! Man weiß aus der Synapsen-Schublade, ah ja, in The Best Of. Jetzt ist seit Tagen alles da. Natürlich hab ich meine Beschäftigungen, Tätigkeiten. In der Abteilung Kreativität ist Bad Bergzabern ... Es ist jetzt so, als wäre das vor einer Minute gewesen. Die legendäre Kantine, Buchzimmerchen, Fotospaziergänge, meine Zimmerwanderung (hatte 3 Rooms durch diverse Gründe, Samstags Aktuelles Sportstudio im Gemeinschaftstisch mit TV, weil der Zimmernachbar ab 20h schlief ohne TV...), meine Gedanken mit meiner Gesundheit/ Zukunft (war eine Frau am Gemeinschaftstisch und lachte: ach, ich hatte schon 6 Schlaganfälle), in der Kantine die 2 Abteilungen Knie-OPs und Schlaganfäller - durch die KantinegegenüberFrau konnten wir uns gut unterhalten (was ich 100 %ig unterhalten wollte). Es sollte wohl so sein mit diesen 2 Genres... Gleichzeitig war meine neue Betreuer-Anwältin, war 2 oder 3 mal da und ich hatte durch einen Trick die Unterschrift als Sklave von ihr! Mittlerweile natürlich nicht, aber damals!! Lügen, Intrigen, zB durch die Telefonate von RAin über mir in der Schlaganfall-Klinik Alzey und die RAin meinte:"können Sie ja in der SÜW hingehen, Wald, Einzelzimmer!

Ich war so naturstoned und hab gleich in Bad Bergzabern gesagt, wo ist das Einzelzimmer...
Im Nachhinein, klar als AOK hab ich selbstverständlich kein Einzelzimmer. Es ging nur ums
Prinzip! Später war meine "Betreuer"-Anwältin weiterhin sehr schroff. Wie gesagt:
Mittlerweile seit ca 2 Jahren alles ok. Schließlich ist sie ja wirklich eine sehr gute Anwältin.
Trotz zum Teil-Kopfschmerzen (Alzey & Bergzabern) an gewissen Schlaganfall-Hirnstellen
(wüsste ich sofort, wenn...), trotz die Babbelgosch RAin (im Foyet in BB hatte sie mich
angemault, weil ich gestottert hatte, was im Stress total normal war), trotz "Knast" in Alzey,
trotz meine Zimmergenossen in BB etc: ich hatte/habe immer - bis heute und in Zukunft!! -
meine positiven Energien, meine positiven Entwicklungen, positive Reinheit, positiver
Kampf für meine Lebensfreiheit und und und!! 150924

15Fotos-Collage über ein Buch von 1968 Unsere Welt 1800 - 2000! Die vielen Bücher von Mutters Buchsammlung sind nicht mehr da durch ihren Umzug. Auf jeden Fall hatte ich vorausschauend das Unsere Welt-Buch "verliehen". In der Kindheit/Jugend hatte ich viele Bücher gelesen von meinen Eltern von Karl May bis John Steinbeck, Pearl S Buck etc, und eben viele Fachbücher. Es war immer groß, ca DIN A 4, und ich wusste von dieser Größe: Wissen! Dieses Unsere Welt-Buch hatte ich aus der Kindheit auch gelesen. In der Edith Stein-Klinik Bad Bergzabern war nicht nur die geilste Kantine (zB abends Kaltes Buffet mit allem), sondern ein geiles Buchzimmerchen im EG. Da war auch alles! So viel gelesen, geschmökert. In einer anderen Welt... Dieses Buch Unsere Welt hatte ich wiederentdeckt und verschlungen! Die Zukunft von 2000, geschrieben von 1968 als Beispiel... In der Woche: selbstständige Termine mit Therapeuten, Logo, eine wunderschöne russische Ärztin. Am Wochenende: gelaufen und fotografiert in Bad Bergzabern. Im Buchzimmerchen war ich in der Woche und Wochenende... Als Info, falls die anderen Posts nicht gelesen: in Bad Bergzabern war Schlaganfall-Reha im November 2017.

150924

Foto: Bad Bergzabern August 2020. Erstmals hatte ich diesen Weg - links der Weg raus zur Straße (Foto)- als ich im November 2017 am Wochenende aus der Edith Stein - Klinik in das Städtchen ging. Und links war mein Zeichen, dann an der Straße rechts, dann links, rauf an die Anhöhe zur Klinik, so ungefähr. Im November 2017 hatte ich Schlaganfall-Reha (nach 6 1/2 Wochen Klinik Alzey) und war "naturstoned". Ich lief 1 bis 2 Stunden und fotografierte (leider verschollen) und hatte Freiheit. Ich durfte alleine laufen, entscheiden, orientieren, fotografieren... Denn in Alzey war Gefängnis, im Nachhinein war das Quatsch, aber im Momentum damals war ich im Knast. Ich erinnere mich dazu: ich saß für eine Ruhe ohne Stress im Kapeuschen und ich sah aus dem Fenster (zT vergittert) und beobachtete einen Zug Vögel und ich dachte : ach, wenn ich doch auch ein Vogel in diesem Zug wäre!! Dadurch war der Wochendspaziergang eine Befreiung. Hatte bei meinen ISBN-Books oft geschrieben über den Schlaganfall und mit dabei war meine Lyric LEBENSSONNE (im Dezember 2017 naturstoned...), aber ich hatte in Alzey, Bad Bergzabern oft geschrieben (am Anfang mit einem Fleischklumpen). Schon damals hatte ich eine Inspiration und schrieb, wie mit dieser Lyric LEBENSSONNE: am Schluss war mein 3.Zimmer mit großem Panorama-Fensterblick und dementsprechend... 140924

Schlaganfall-Reha November 2017 (Edith Stein -Klinik Bad Bergzabern), fotografiert 14. August 2020!

Sharjeel AnsarNASA James Webb Space Telescope (JWST)

.

One of the clearest Picture of the Moon ☽

Credit: daryavaseum

Uff, ich hab's geschafft! Am frühen Abend hatte ich 1 1/2 Stunden weiter gearbeitet, denn ich hatte mein fb-Account-Feed vergessen. Meine "Buchsammlung" war in meiner fb-Gruppe "Nummer 65", aber da waren manchmal Fotos mit fehlenden Lyrics... Daher sind zT Texte ohne Fotos im Vergessen-Kapitel, die aber im "offiziellen" Teil doch mit Foto reingebeamt. Ich freue mich, das ich das Kapitel dokumentiert hatte, zB wegen der "verlorenen Molly" wegen Mrs P, und moi zufriedenes Katzemäädche 2014, weitere Schlaganfall-Storys für die Komplettierung.

In diesem Buch sind 3 große Themen, wie in allen 70 Books: Zeit! Schlaganfall! Musik! Dieses 70. Buch mit Best of Themen, Tagebuch September 2024, mein Leben in ca 3 Wochen. Natürlich sind in den übrigen 69 Büchern Erinnerungen, Erlebnisse, Momentums, Gedanken, Histoey, TV-Serien, Filme, Fußball... Dieses 70. Buch ist eine Art Zusammenfassung mit Schlaganfall-Kliniken Alzey/Bad Bergzabern/meine ersten 3 Tage und Musik mit Genesis, Musikbücher (70er/80er rororo... und viel mehr), beste deutschsprachige Songtexte etc. Und ich wollte unbedingt mit den Bergzabern-Fotos im ISBN-Buch...

Ach ja: 4 1/2 Stunden + 1 1/2 Stunden + 3/4 Stunde dieser Tag für mein geliebtes Buch!!

C Gerd Steinkoenig 23. September 2024

Lustig... Mein Stick gestern vergessen in meine PDF-Stadt ("Institut" Landau)... Also, heute noch ein bisschen... Heute (25. September 2024) hab ich mein 7. Jubiläum seit meinem Schlaganfall... "Erinnerungen"-Abteilung (facebook) aus jenem 25. September:

Gerd Steinkoenig hat eine Erinnerung geteilt.

.

Mit Deine Freunde geteilt

Schönen entspannten, liebevollen Mittwoch, Ihr Lieben ☺ Heute ist übrigens mein Jubiläum: vor 7 Jahren (25. September 2017) hatte ich Schlaganfall!

Vor 1 Jahr

Deine Erinnerungen anzeigen

DAS FÜNFTE LEBEN (ich hab ja noch7: US-Version 9)

In meinem Leben am 25. September 2023

Gedanken, Pläne, Ziele, Blues, Lebenssinn

Die Lebensgemeinsamkeit sind "nur" Genesis

Ich war jung, Genesis waren jung

Ich bin älter, Genesis ist viiiel älter...

Möchte wieder schreiben, damit ich Zuversicht habe

Am 25. September 2023 waren zu viele Memories

Zu viele Gefühle, Philosophie, Zeitoasen, Zeitgeister

Also schreibe ich am Besten, damit ich rauslasse

Mein erstes Leben - Kindheit, Jugend, Unschuld

Mein zweites Leben - Im Leben war alles, alles, alles

Mein drittes Leben - die ersten Lifeprüfungen, Realitätsflucht

Mein viertes Leben - neue Lifelocation, neues Selbstvertrauen

Mein fünftes Leben - meine zweite Geburt am 25.09.2017

Mein fünftes Leben mit Perspektiven, Horizonten, Liebe

Reinheit, Gelassenheit, Gesundheit

Kampf. Mut, Wille, Disziplin

Aber was ist mit meinem 6. Leben? 7. Leben?

Hab ich immer meine Gesundheit?

Hab ich urplötzlich boing im Kopf?

Was passiert am 30. Juni 2028?

Darf ich mein Leben leben?

Auch wegen der momentanen Politik, Krieg...

Wieder mehr Power mit meinen positiven Energien

Wieder mal freigeschrieben...

C P Gerd Steinkoenig Gerd F Steinkoenig Gerd Gerd

25.09.2023

Huhu, ich bin's ☺ So sehe ich aus nach 6 Jahre Schlaganfall... (25.09.23)

Vor 4 Jahren

Mein neues Buch wird veröffentlicht!!! Teil 2 von 2

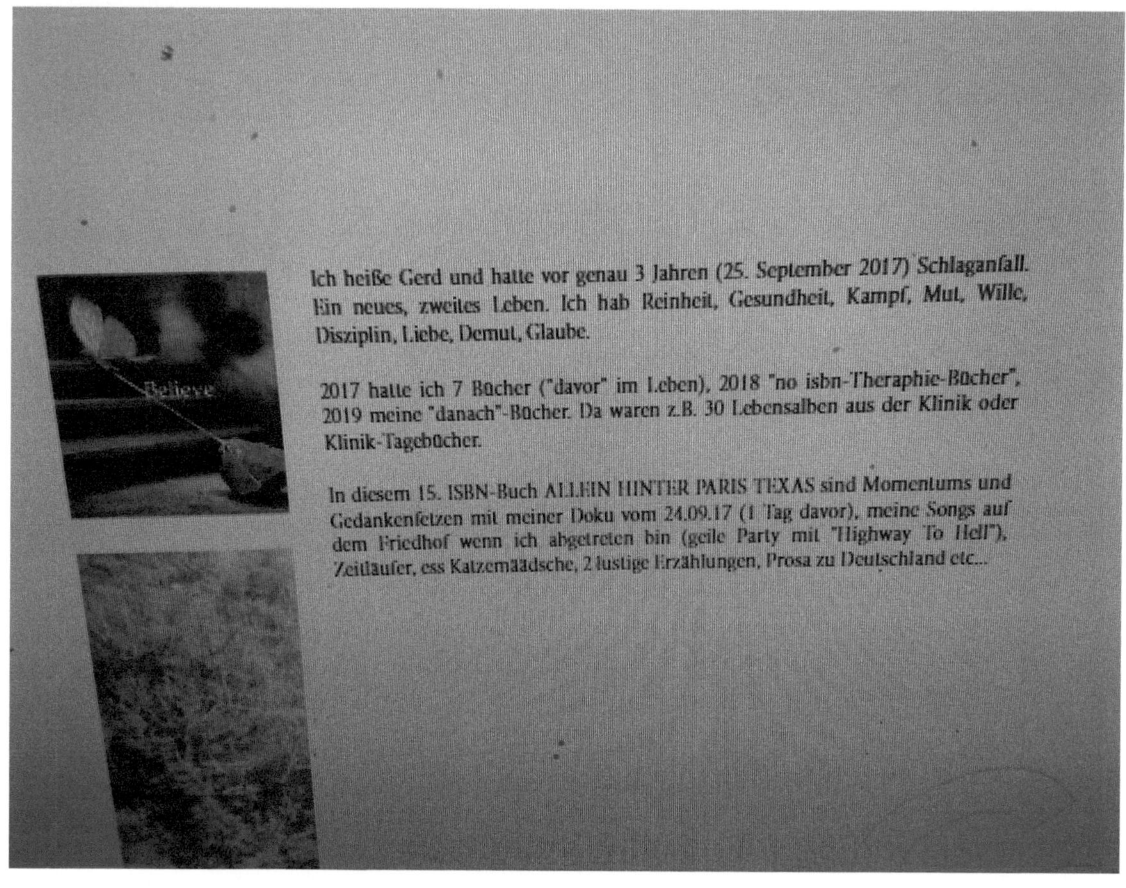

Titelbild in meinem nächsten Buch 15: ALLEIN HINTER PARIS TEXAS (Foto: Gerd Steinkoenig)

VOR 7 JAHREN!! Ich hatte sogar noch bei fb gegrüßt, dann BTW-Ergebnisse geguckt und dann urplötzlich Schlaganfall! 19 Likes, 6 Kommentare zu diesem Gruß-Post...

Gerd Steinkoenig

.

Mit Öffentlich geteilt

Einen schönen, erfolgreichen Montag, Ihr Lieben 😄 🖤

Vor 8 Jahren

250924

Bonanza-Westernserie... Vor "100 Jahren"... Ben, Hoss, Adam, Little Joe und Hop Sing...

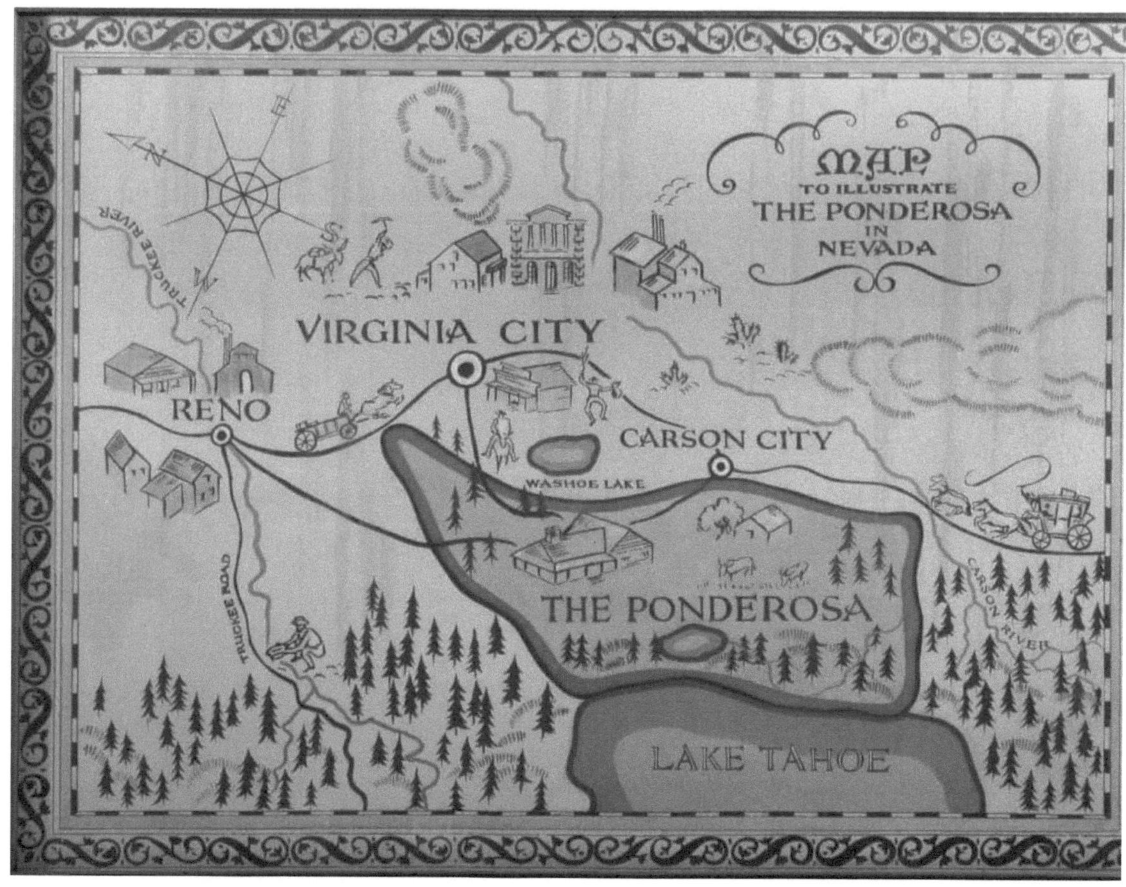

Zeitreise mit den Beatles! 1975 oder 1976 kaufte ich (Bj 1959) das Weiße Album (1968) von The Beatles. Meine Eltern hatten beide Grippe und ich dann von Schwedelbach nach Kaiserslautern um Sachen von den Eltern zu besorgen. War alles dabei, vergaß aber ein Medikament von Mutter. Und ich besorgte das Weiße Album... Meine Eltern ärgerten sich wegen dem fehlenden Medikament und Vater meinte: "Warum diese Platte? Ist doch viel zu alt!" Von 1968 bis ca 1975 war der Abstand nur 7 Jahre! OK, Zeit ist relativ: ich war jung und diese 7 Jahre waren lang. Jetzt sind die Beatles die größten Musiklegenden ever (war schon immer so, aber jetzt ist es noch größer...). Das Weiße Album ist auch 2024 zu den meistverkauften Alben aller Zeiten! Thriller (Michael Jackson), Back In Black (AC/DC), The Dark Side Of The Moon (Pink Floyd),, Saturday Night Fever-Soundtrack etc etc sind auch dabei bei den meistverkauften Albenall time worldwide - und eben das Weiße Album von The Beatles... Ich hatte im Elternwohnzimmer im Plattenschrank das Weiße Album rauf und runtergespielt. Neugierde über die Beatles-Musik (ich hatte vom Radio einige Casetten von den Beatles, für mich faszinierend mit "Revolution 9" oder "Sexie Sadie". "Good Night" (Foto, aus dem BeatlesSongbook von Alan Aldridge) hatte ich öfter 3 oder 4 x hintereinander gehört! Tja, eine kleine Zeitoase von damals, ca 1975... 250924 PS: Mutter meinte später: gut, das Du es vergessen hast, das Medikament war vom Arzt her scheiße...

Meine Fotografie seit 2010! Am Besten in Annweiler, Landau, SÜW! Gleiche Fotomotive mit diversen Fotografien. Jahreszeit, Witterung, andere Winkel, 3cm links etc. Kunst, OhneKnipsen, Dokumentation, Hobby, Freizeit, Ablenkung, Sport, Kultur. 250924

In My Life: "Das Fünfte Element", eines meiner besten Filmen ever / Stadtplan Innenstadt
Annweiler am Trifels / Champions League Finals... 240924

LifeCollage CP GFS 13.12.18

Selbst im November in Bad Bergzabern fotografiert! Hatte ca 200 Fotos in BB & Alzey
gemacht, technisch vom kleinen Handy gings nicht (außerdem hatte ich im Dez17 schnellen
naturstonedBlues und ich die Bilder...). Nur ein paar Fotos waren noch da - wie dieses süßes
Bild! Erst viel später (in diesem Buch zu sehen) konnte ich in BB kreiren... 240924

Music & Memories of the 50s, 60s & 70s

.

July 20, 1964 – The Beatles: Something New is released in the US.

Something New is The Beatles' third Capitol release, but fifth American album following the United Artists release of A Hard Day's Night, released on July 20, 1964. It spent nine weeks at #2 on the Billboard 200 Top LP's chart, behind the United Artists A Hard Day's Night album.

Because United Artists, who produced the film "A Hard Day's Night" had rights to the album, Capitol was prevented from issuing the soundtrack and calling "A Hard Day's Night". Instead, Capitol - who had stereo mixes of the tracks where United Artists didn't - came up with Something New. The American release of A Hard Day's Night was issued by United Artists and was presented only in mono with some "rechanneled" stereo. For Something New, Capitol used 8 tracks from the UK version of A Hard Day's Night along with "Komm, Gib Mir Deine Hand" (a German recording of "I Want To Hold Your Hand") and the 2 tracks from the UK Long Tall Sally EP not issued on Meet The Beatles.

FOTO-AUSWAHL AUS TAUSENDEN... SEHT BEI MEINEN BOOKS... 250924

Die Aura von meinem Katzemäädsche Molly, 1 Jahr nach ihrer nächsten Lebensdimension in ihrer neuen Heimat zum spielen, schnuppern, chillen, Fresschen suchen. Die Aura des Körpers ist da, Geist und Seele ist im Himmel. Irgendwann treffen wir uns!!

Das Grab von meinem Katzemäädsche (Febr. 2021)

Januar 2021 in Annweiler

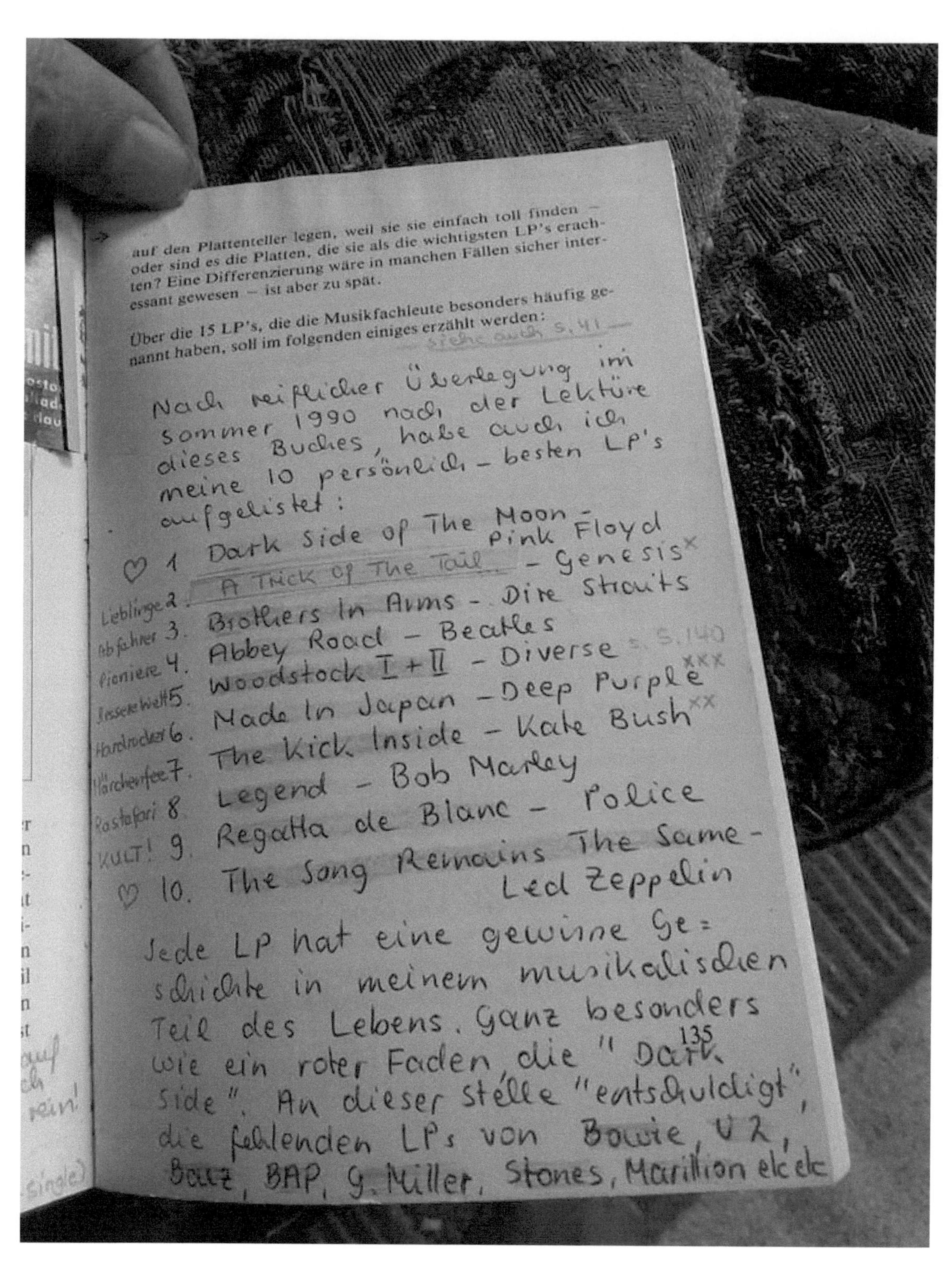

auf den Plattenteller legen, weil sie sie einfach toll finden —
oder sind es die Platten, die sie als die wichtigsten LP's erach-
ten? Eine Differenzierung wäre in manchen Fällen sicher inter-
essant gewesen — ist aber zu spät.

Über die 15 LP's, die die Musikfachleute besonders häufig ge-
nannt haben, soll im folgenden einiges erzählt werden:

siehe auch S. 41

Nach reiflicher Überlegung im
Sommer 1990 nach der Lektüre
dieses Buches, habe auch ich
meine 10 persönlich - besten LP's
aufgelistet:

1. Dark Side of The Moon -
              Pink Floyd
Lieblinge 2. A Trick of The Tail   - Genesis x
Abfahrer 3. Brothers In Arms - Dire Straits
Pioniere 4. Abbey Road - Beatles
Bessere Welt 5. Woodstock I + II - Diverse s. S. 140
Hardrocker 6. Made In Japan - Deep Purple xxx
Märchenfee 7. The Kick Inside - Kate Bush xx
Rastafari 8. Legend - Bob Marley
KULT! 9. Regatta de Blanc - Police
10. The Song Remains The Same -
              Led Zeppelin

Jede LP hat eine gewisse Ge=
schichte in meinem musikalischen
Teil des Lebens. Ganz besonders
wie ein roter Faden die " Dark 135
Side". An dieser Stelle "entschuldigt"
die fehlenden LP's von Bowie, U2,
Barz, BAP, G. Miller, Stones, Marillion etc etc

Tolle Namen - mein Titelbild! Ich hoffe, ich kriegs hin womöglich morgen!

2 Fotos aus meinem 69. Buch "64 Jahre Gerd Steinkoenig" von Michelle Connery/Beatrice Farber (meine Pseudonyme)

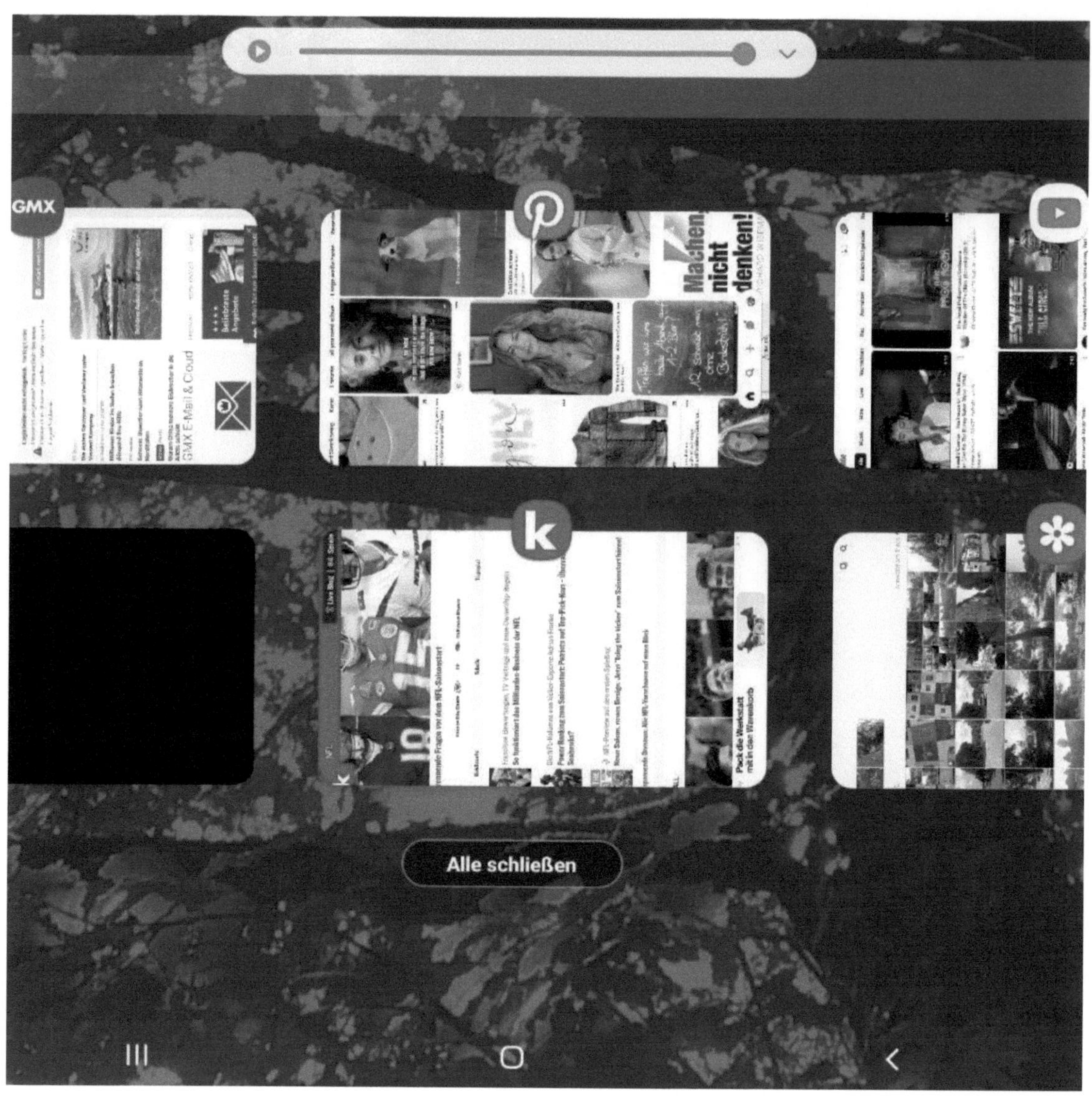
GMX
Machen
nicht
denken!
k
Alle schließen

Hefte, Tonträger, Visuellträger, Bücher... Sammlung des Autors... Nuur kleine Auswahl!!

2292-42293-2   SUPERMAX/WORLD OF TO   ATLANTIC
THE BEST OF THE ALAN PARSONS PROJECT   610 052
PATSY CLINE   FG046
CAN LIVE IN PARIS 1973   CDFDSPOON66
GUNS N' ROSES LIVE ERA '87-'93   GEFFEN   490 514-2
THE DEEP PURPLE COLLECTION
Deep Purple
UNIVERSAL
0600753335505

GRUBER
REIGEN
GOLDMANN
Lois Tilton Im Kreuzfeuer 25014
Richard David
Precht Liebe
Liebe
Ph
5
Precht
Mergen · Tod in Genf
MARK TWAIN · HUCKLEBERRY FINN
Das Wichtigste über Länder Kontinente 34364
22491
Adams Per Anhalter durch die Galaxis
dtv einfach wissen
KRIMI
Immer wenn es dunkel wird
Wolf
von
Lojewski
Meine
Heimat
deine
Heimat
Länder/
Völker
Lojew
Edgar Wallace Der sentimentale Mr. Simpson 66
Jubiläums-Ausgabe
BASTEI LÜBBE
Forrest Carter wartet auf mich am Fuße des Berges 6427
Brown BEGRABT MEIN HERZ AN DER BIEGUNG DES FLUSSES Knaur 3351
rororo
HUBERT SELBY · Letzte Ausfahrt Brooklyn 1469
DER
HERR
DER
RINGE
Tolkien

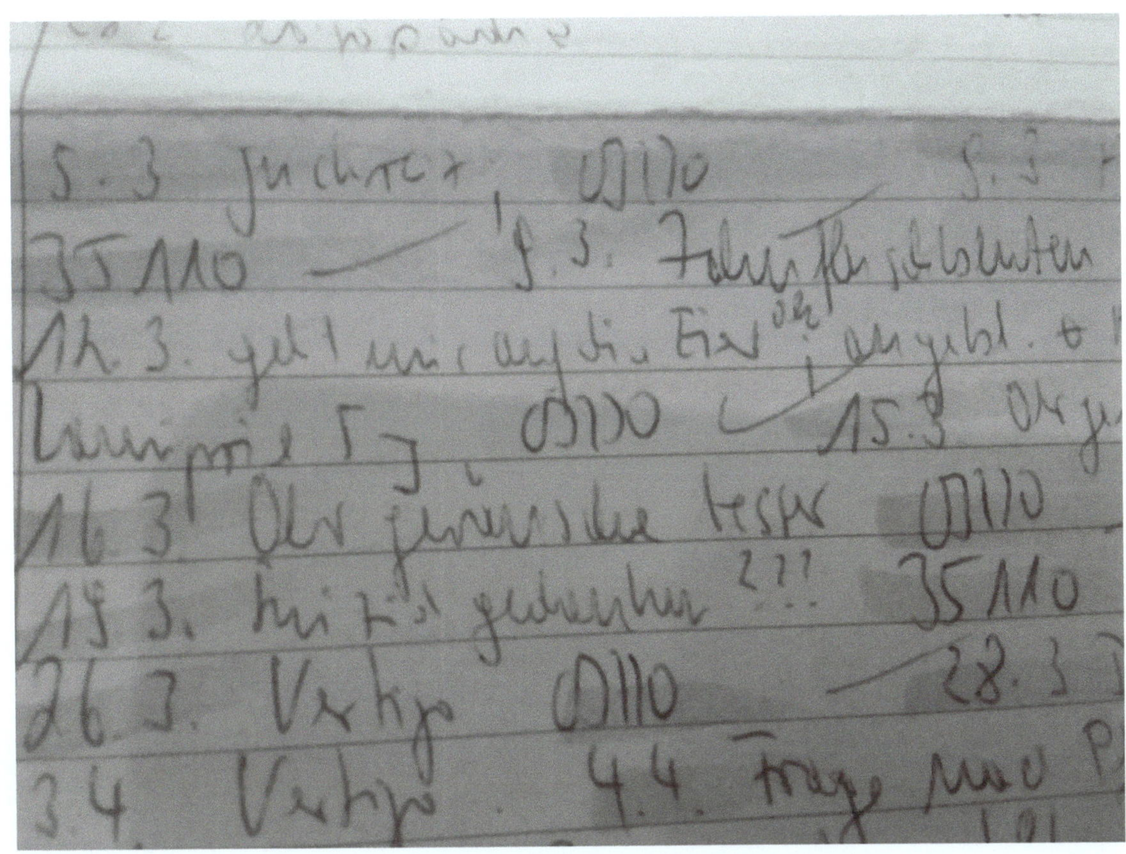

Mein Leibarzt (R.I.P.) mit lustigem Eintrag ("geht mir auf die Eier"), lach

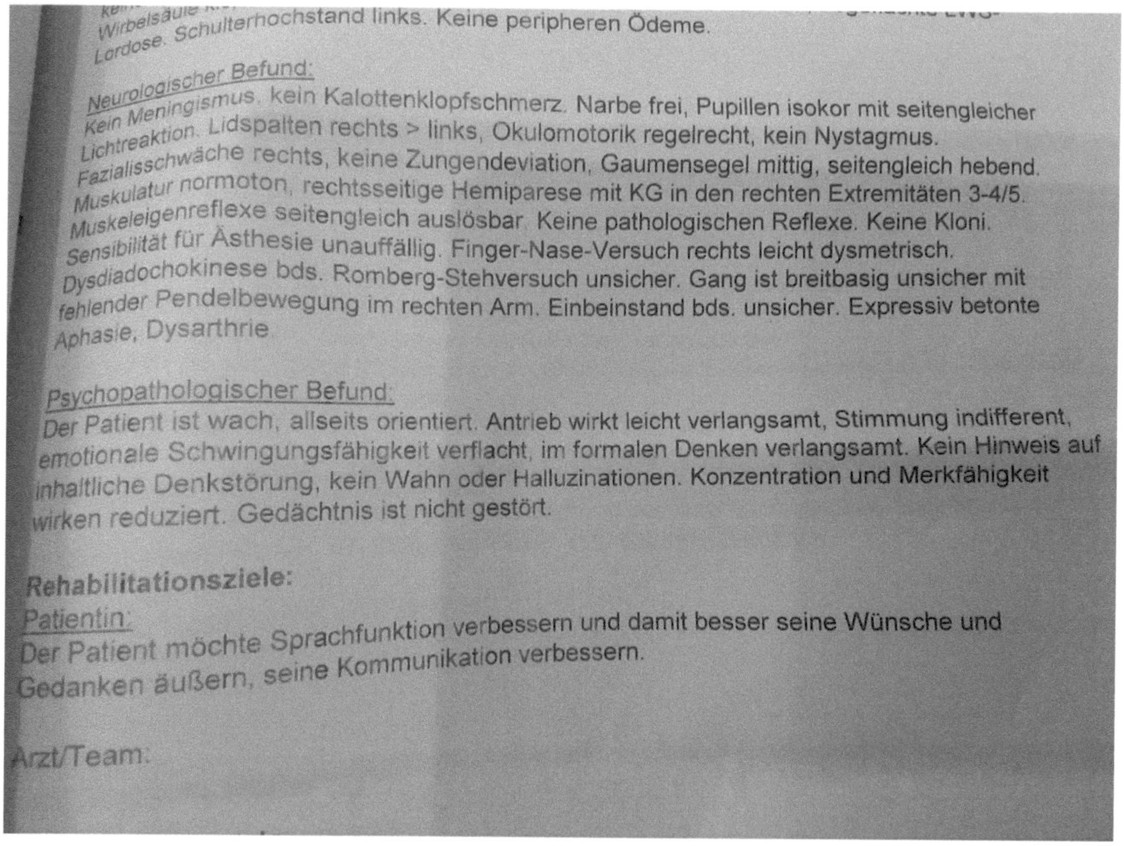

Wirbelsäule ... Schulterhochstand links. Keine peripheren Ödeme.
Lordose.

Neurologischer Befund:
Kein Meningismus, kein Kalottenklopfschmerz. Narbe frei, Pupillen isokor mit seitengleicher
Lichtreaktion. Lidspalten rechts > links, Okulomotorik regelrecht, kein Nystagmus.
Fazialisschwäche rechts, keine Zungendeviation, Gaumensegel mittig, seitengleich hebend.
Muskulatur normoton, rechtsseitige Hemiparese mit KG in den rechten Extremitäten 3-4/5.
Muskeleigenreflexe seitengleich auslösbar. Keine pathologischen Reflexe. Keine Kloni.
Sensibilität für Ästhesie unauffällig. Finger-Nase-Versuch rechts leicht dysmetrisch.
Dysdiadochokinese bds. Romberg-Stehversuch unsicher. Gang ist breitbasig unsicher mit
fehlender Pendelbewegung im rechten Arm. Einbeinstand bds. unsicher. Expressiv betonte
Aphasie, Dysarthrie

Psychopathologischer Befund:
Der Patient ist wach, allseits orientiert. Antrieb wirkt leicht verlangsamt, Stimmung indifferent,
emotionale Schwingungsfähigkeit verflacht, im formalen Denken verlangsamt. Kein Hinweis auf
inhaltliche Denkstörung, kein Wahn oder Halluzinationen. Konzentration und Merkfähigkeit
wirken reduziert. Gedächtnis ist nicht gestört.

Rehabilitationsziele:
Patientin:
Der Patient möchte Sprachfunktion verbessern und damit besser seine Wünsche und
Gedanken äußern, seine Kommunikation verbessern.

Arzt/Team:

Schlaganfall 2017... Eine der 3 Hauptthemen in diesem Buch!

Gerd Steinkoenig

Kirschblüten, Vollmond, Zeitoasen

Kurzgeschichten

Sticks gestern vergessen... Da hatte ich heute eine Idee... Morgen wieder in meine PDF-Stadt... Damit dieses Buch (Schlaganfall / Zeit / Musik / Fotos / desweiteren) wieder in meinen Verlag #BoD gebeamt wird.

Im Endeffekt tatsächlich mein letztes Buch - trotzdem doch: 1 x im Jahr (vielleicht 2 x) mache ich wohl nur noch Fotobände! Wenn ich fotografiere und aufeinmal, woow, so ein geiles Foto - und dich nix mit Buch... Daher: nur noch 1 x (2 x) im Jahr veröffentlichen "nur" mit Fotos: ich hab pi mal Daumen alles geschrieben, daher auch diese 3 Hauptthemen. In 70 Büchern sind sooo viel mit meinen Worten... Das war's!

Ääh zum dritten Mal, lach: C Gerd Steinkoenig 25. September 2024

Nachtrag 26. September 2024 (war noch was aus anderem fb-Account...)

Deutschland war mal in den 1970ern Jahren Musik-Weltmacht!! Munich Sound (Donna Summer, Giorgio Moroder), Silver Convention, Farian-Sound (Boney M, Eruption), Krautrock (Can, Kraftwerk, Tangerine Dream, Birth Control...), Scorpions etc! Nr 1-Hits in GB mit Boney M, Nr 1-Hits in den USA mit Silver Convention (siehe Youtube-Video mit Fly Robin Fly), die Scorpions Superstars in Japan (spätestens ab 1984 auch in den USA), Krautrock ist in den USA auch heute noch in einer Abteilung im Plattenladen aus den 70ern. 2024? Immer noch DSDS-Bohlen, Ballermann-Laylaschrott, uniformierter "Deutschpop", Bum Bum-Schlager ala Helene und Andrea... 190924

9 Fotos über meine Musikbücher (mehr als 50!) aus allen Jahreszeiten! Der Zeitgeist der Musikliteratur! Hohes Niveau bis Trivial aus allen Jahrzehnten! Nicht alles dabei, aber zu 99 %! Endlich: es wird mein 70. ISBN-Buch, aber nie war eine Fotoserie über alle Musikzeitgeister: diverse Rock Session-Books (70er, 80er), 5 ROCKBooks von "Eclipsed" (alle Alben, alle Songs, das 5. Buch war 2021, bei der Fotosession nicht dabei, ist ja 99 %, hahaha)), Mystery Train - der Traum von Amerika in Liedern der Rockmusik (Greil Marcus 1981), Nik Cohn's Pophistory (1971, Nik Cohn ist mein Vorbild zu seinem Musik-Schreibstil), 1000 Record Covers (von den 50ern bis 90ern LP-Covers mit Zeitgeist-Coverkunst!), Nachschlagewerke (3 Versionen Rocklexikon, Laufenbergs Rock und Pop, Julia Edenhofer etc), der Heilige Gral Star Szene 1977 mit ca 1000 Musikstars mit unserem Ilja, Rote Lippen (Elmar Kraushaar, kritisches Buch über Deutscher Schlager), POP 2000 (50 Jahre Deutsche Popmusik, Peter Wagner, 1999), Biografien von Janet Jackson bis Abba bis Udo Jürgens, Pink Floyd etc, Ultimative 1000 Charthits (RTL), American Bandstand (John A Jackson, 1997, amerikanische Sprache, über die legendäre Musikshow), Das Jazzbuch (DAS Nr 1 Jazzbuch mit Joachim-Ernst Berendt), The Beatles Songbook (Alan Aldridge, 1971),

Lipstick Traces - von Data bis Punk (Greil Marcus 1989), BOMP! (über legendäre kalifornische Rock n Roll Fanzine, Greg Shaw, 1982) und und und, inkl 2 Versionen Sachlexikon Rockmusik bis diverse Musikexpress, Rolling Stone-Bücher! Schmökert aus diesen Fotos! Ich hatte (besonders in den 70ern, 80ern) jede Zeile verschlungen! Aus Neugierde, History, Subkultur, diverse Schreibstile, Musik in der weiten Welt. Leider kann man es 2024 vergessen... Natürlich gibt's tolle Musikbooks (ROCK von Ecliped!), aber wenn Musik Wegwerfware ist... Damals war Musik Kultur mit LPs, Clubs, Studentenkneipen, Discos, Musikfachblätter, Bücher, Lebenseinstellung. Früher war Musik ernsthafte Diskussion zB über den Text von Blood On The Rooftops (Genesis 1976), über das fulminante Klaviersolo von Tony Banks (Mad Man Moon, Genesis 1976), über den Krieg zwischen Punk und Progrock 1977 etc etc. 2024 ist nur Taylor Swift-Blabla (sorry RoKo, lach)... 180924

nur 1 Foto aus 9 Fotos dazu (siehe facebook... - und wie bei allen fb-Alben, Instagram mit Landschaft, Natur, Annweiler, Landau, Sammlung etc)

Ich war dabei,
als unsere Eltern uns lehrten im Bus aufzustehen
und älteren Leuten den Platz anzubieten!
Und wie stolz war man, als es angenommen wurde!
Das nennt man RESPEKT!

C Gerd Steinkoenig, 26. September 2024

Verlag: BoD • Books on Demand GmbH, In de Tarpen 42, 22848 Norderstedt
Druck: Libri Plureos GmbH, Friedensallee 273, 22763 Hamburg
ISBN: 978-3-7583-5114-3